育児言説の社会学

家族・ジェンダー・再生産

天童睦子 編
MUTSUKO TENDO
・高橋均・加藤美帆

世界思想社

まえがき

日本の育児状況は大きく変化している。一九九〇年代以降顕著となった少子化傾向への危惧に始まって、子育て支援政策の登場、家庭の教育力への注目、父親の育児参加を求める声の高まりなど、育児をめぐる政策や言説にも変化があった。その背景要因のひとつには、ポスト近代家族やリスク社会、液状化する社会といった用語が示すように、社会の流動化・不安定化が家族にとっての育児戦略に変化をもたらしたことが挙げられよう。また、グローバル化と新自由主義的政策の加速のなかで肥大化する競争原理は、教育格差への不安と家族責任の強化をもたらし、親子や家族をさらなる子育ての閉塞へと追い込んでいるように思われる。このような既存の家族・教育研究ではとらえきれない問題群が立ち現れるなかで、育児を取り巻く社会状況を見極める新たな視点と分析枠組みが求められている。

本書『育児言説の社会学』は、「育児言説」を鍵概念として、育児知識の伝達媒体である育児メディアとその変化に注目し、現代の家族、育児、教育の諸課題を社会構造とのかかわりで検討するものである。

「育児言説 childrearing discourse」とは、端的にいえば「育児にかかわることばの束」である。ディスコースは一般に、「談話、言説」などと訳され、語られたこと、書かれたものを意味するが、それはまた社会に構造化された権力関係と結びつき、人々の意識や日常的行為に影響を及ぼすことばとなる。本書では、子育てや教育といった知識伝達、文化伝達の営みにかかわる言説と原理を「育児言説」と呼び、言説の配分、伝達、獲得の過程全体を示す概念として象徴的統制を提起する。この概念と理論的枠組みは、イギリスの教育社会学者バジル・バーンスティンの「教育言説 pedagogic discourse」理論をふまえている。

育児にかかわる知識の伝達のあり方を振り返れば、かつての伝統的社会においては、慣習的育児方略としての育児知識は日常知として生活のなかに埋め込まれていた。やがて近代化の波のなかで、専門的な育児知識の媒体として登場したのが育児書、育児雑誌といった育児メディアであり、それらは近代家族にとっての育児情報の伝達媒体という育児資源として広がりをみせた。そして今日、日本では育児書、育児雑誌、インターネットを含む多様な育児メディアの興隆がある。

とりわけ、二〇〇〇年代の育児関連雑誌（育児・教育情報誌、妊娠・出産期向けを含む）の変容において特筆すべき点としては、第一に、これまで出版界ではほとんど見られなかった父親向けの育児・教育雑誌の相次ぐ創刊があったこと、第二に、子育て期の母親向けの育児情報誌という枠を超えて、母親のファッション情報誌の色合いが濃いもの、働く母親に特化したもの、環境問題に敏感な家族向けの誌面構成のものなど、内容の多様化、多元化が目立つことである。二〇〇〇年代のこのような育児メディアの変化は、子育て期の家族の価値の多様化の一端を映し出しているように思われる。

本書で詳しく取り上げるように、父親向けの情報誌として、とくにビジネスマンの父親を意識した育児・教育雑誌が登場した背景には、「父親の積極的育児参加」を促す男女共同参画型育児の推進という社会的動向があるとともに、現代の育児・教育を取り巻く状況に危機感を抱く親たちを中心に、少ない子どもにできるだけ投資をしようとする「少子化時代の育児戦略」が垣間見える。本書で注目するのは、このような日常的・実践的育児知識にひそかに入り込み、社会化エージェントとしての親の意識と実践を統制していく「象徴的統制」の表出としての育児言説である。

本書のねらいは、育児言説の社会理論のもとに、言説分析の枠組みを解説し、実際の育児雑誌の内容分析をふまえて、具体的・実践的に「育児言説」の変容を読み解くことにある。そして、子育ての当事者である親の育児実践（ミクロな育児問題）と、社会に構造化されたマクロな「育児・教育問題」とをつなぐ新たな切り口を提示したい。育児メディアの分析を通して、そこに何が語られ、何が表象されているかの丹念な考察から浮上するのは、より大きな社会・文化構造に潜む不均衡な序列化、差異化のひそかな伝達の様相である。そこで柱となる鍵概念が、戦略、ジェンダー、再生産である。

本書の構成

本書の特徴は、育児言説の理論と実証を兼ね備えた分析にある。まず、序章では本研究の概念枠組みとして、育児言説の理論的枠組みをバーンスティンの教育言説論、教育装置概念をふまえて論じる。また、言説分析の方法として、批判的言説分析 critical discourse analysis を紹介する。

第**1**章「育児戦略と言説の変容——育児雑誌の半世紀」では、本書全体にかかわる主要な概念のひとつ「育児戦略」の枠組みを示したうえで、市販の育児雑誌の登場期である一九六〇年代後半から二〇一〇年代までのおよそ半世紀にわたる育児メディアの変化の考察を通して、親と家族の再生産戦略の変容を概観する。

育児戦略とは、育児の担い手である親の産育意識、しつけ方、教育投資といった育児意識と育児行為の総称であるとともに、親自身にも明確に意識されない、社会に構造化された暗黙の戦略を指す概念である。この概念を用いることによって国家、行政、市場などの諸局面において展開される、子育てをめぐる政治的・経済的・文化的戦略が見えてくる。

第2章「変容する育児雑誌の現在――『ジェンダー化』・『教育化』の視点から」では、育児関連雑誌を広くとらえ、その多様化をふまえて、とくに一九九〇年代以降の代表的育児雑誌の変遷と特徴を把握しながら、そこに立ち現れる育児言説の変化を考察する。

第3章「二〇〇〇年代型育児雑誌にみる父親の『主体化』」では、二〇〇〇年代に登場した父親向け育児・教育情報誌を取り上げ、それらの丹念な分析をもとに父親の「育児参加言説」の内実に潜む見えない統制と、父親の「主体化」のパラドクスを論じる。

第4章「新自由主義下の再生産戦略とジェンダー――『子ども・子育て』という争点」では、現代日本の育児状況、育児言説の転換点に注目し、主に一九九〇年代以降の育児政策・家族政策の動向と育児・教育言説の変容を考察する。とくに少子化のインパクトと子育て支援のポリティクスに論及し、家庭の教育力の強調の背景にある、子ども・子育ての争点を探る。

ところで本書には、ジェンダー（社会的・文化的性別）の分析視角が盛り込まれている。育児雑誌の多様化と、近年の育児・教育雑誌にみる育児言説からは、子育てだけではない「母親の多面的アイデンティティ」志向（第**2**章）や、性別役割分業志向の弱まりにも見える「父親の育児参加」言説（第**3**章）が読み取れるものの、実のところ「教育する家族」の育児戦略のなかで、ジェンダー分業を再強化していく矛盾が浮かび上がる。

続く後半の第5章、第6章は、子どもへのまなざしに重点を置いた育児言説分析の応用編である。第**5**章「住まいの教育的編成言説の変容――『開かれた住まい』のパラドクス」は、バーンスティンの教育言説理論を応用し、親から子への教育的まなざしと居住空間の変化を、再文脈化とのかかわりで述べる挑戦的論考である。近代家族にとっての居住空間、とりわけ子ども部屋をめぐる育児言説をたどりながら、近年の「開かれた住まい」言説の広がり（子ども部屋を与えるより間仕切りのない空間が重要といった志向性）が、開放的な物理的空間と背中合わせの、親から子への「閉じた」教育的まなざしの常態化という、いわば監視装置の強化として機能していく面を指摘する。

第**6**章「子どもという願望と再生産のポリティクス――妊娠・出産情報誌からみえること」では、一九八〇年代に登場した妊娠・出産期向け情報誌、および二〇〇〇年代に注目されだした妊娠を望む女性向けの情報誌の趨勢と記事内容を取り上げ、再生産する身体の政治性に論及する。

本書の鍵となる再生産 reproduction は、多義的意味をもっている。教育研究の分野では、階層構造の再生産にかかわる学校教育の不平等再生産装置の側面が論じられるが、ジェンダーの視点からは、性別役割分業体制の再生産、育児や介護といったケア役割という再生産労働、そして妊娠・出産に深くかかわる再生産する身体が挙げられよう。第6章では「産む身体」への医療的まなざしとそこに潜むジェンダーと権力の問題を論じる。

そして第**7**章「育児言説と象徴的統制——家族と教育の危機を超えて」では本書全体にかかわる理論的総括を行い、これからの育児と教育の課題として、ケアの保障、対抗ヘゲモニーのアプローチ、象徴的統制の理論を提示する。

読者に向けて

本書は、社会学、教育社会学、家族社会学、子ども研究、ジェンダー研究、メディア研究、保育学といった分野の研究者、専門家、学生に向けた書であるとともに、子育て期の親や祖父母世代など、「育児と教育」に関心をもつ人々、また行政や自治体、社会教育機関、保育・幼児教育の現場でさまざまな教育支援に携わる人々にも読みごたえのある内容となっている。一般の読者には理論部分がやや難解に思われるかもしれないが、現実の育児問題、教育問題の「見えないからくり」を知るための「羅針盤」として読み進めてほしい。理論をふまえた育児メディアの具体的分析から浮上するのは、親や家族の個別的な葛藤や悩みと思われてきた子育ての困難が、実のところ社会に構造化された問題であることだ。

すなわち、本書の目的は、育児言説の社会学的考察を通して、現代の子育て期の家族が置かれるさまざまな困難とその背景要因を明らかにし、育児問題を家族内部の問題に閉ざすことなく、広く社会問題として位置づけることにある。

まえがき

本書の構想は、『育児戦略の社会学——育児雑誌の変容と再生産』（二〇〇四年）の上梓以来、編者が温めてきたものであるが、育児雑誌の言説分析という地道な作業の積み重ねは、共同研究者の長期にわたる尽力がなければ成し得なかった。

そして、育児メディアの利用状況や雑誌の印象などインタビュー調査にご協力いただいた子育て期のご父母の皆様、多忙ななか時間を割いて作り手側からの貴重な話を聞かせてくださった育児雑誌や教育関連雑誌の編集長・制作担当の方々に心から感謝申し上げたい。

世界思想社編集部の方々には企画段階から完成まで大変お世話になった。篤く御礼申し上げる。

二〇一六年一月

編者　天童睦子

目次

育児言説の社会学

――家族・ジェンダー・再生産――

序章　育児言説の社会理論

1　育児言説とは何か

「育児言説 childrearing discourse」とは、端的にいえば「育児について書かれたこと／語られたこと」「育児にかかわることばの束」である。一般に言説 discourse は、「談話、説話、論述」などを意味するものとされるが、それが社会のなかの権力関係と結びつくとき、単なる発話や記述を超えて「力を付与されたことばの束」となり、人々の思考や行為を明示的・暗示的に統制する作用をもつことになる。

本書は、子育てという文化伝達の営みに潜む権力関係を見極め、子育ての困難の背後にある隠れた構造的問題を明らかにすることに重きを置き、子育ての当事者である親や家族が直面する育児問題の背後に潜む、権力と統制のあり様を読み解いていく。育児言説、すなわち育児について書かれ、語られた一群のことばが、どのように配分され、正当化され、伝達されるのかの検討を通じて、ひそかな知識伝達 tacit knowledge transmission の構造分析に迫りたい。

本書では、バーンスティンが「教育言説 pedagogic discourse」研究で用いた諸概念から示唆を得て、子育て・教育を含む知識伝達・文化伝達の営みにかかわる言説の配分、伝達、獲得の過程を、日本の育児メディア、とくに一九九〇年代以降興隆を見せた育児雑誌の内容分析・趨勢分析を通して考察する。そこでまず、序章では、育児言説を分析していくうえでの鍵となる、フーコーの言説論、バーンスティンの教育言説論、そして批判的言説分析の視点についてみていくことにしよう。

言説と権力

ディスコース研究には、大きくとらえれば二つの流れがある。ひとつは言語学、社会言語学、コミュニケーション研究領域を中心とする談話分析、会話分析に重点を置く流れであり、社会的相互作用研究を中心に多くの蓄積がある（たとえば Sacks, Labov, Hymes ら）。教育の領域では、クラスルームにおける教師―生徒間の会話を通じて教育知識が伝達される構造に注目したスタブスの研究（Stubbs 1976）が知られている（川嶋 1994；鈴木 2007）。

もうひとつの流れは、言説（ディスクール discours）と権力のかかわりに重点を置くディスコース研究で、この領域ではフーコー Foucault, Michel の貢献が大きい。フーコーの言説論は、言説の歴史的構成、とりわけ言説の編成に関与する権力関係への留意を特徴とし、個々の「述べられたこと（エノンセ、言表）」が一定の形成の規則のもとにまとめられたものが言説であるとする。その企図は、諸々の言表を前にして、他の言表ではなく、まさしくそれらの言表を可能にしたものとは何かを問うことにあった（Foucault 1969＝1981）。

この意味において、フーコーのいう言説は、単に「書かれた／話されたこと」や「対象について語ること」にとどまらない。言説は、語ることによって「対象をつくりだし、そうする中で逆に、それが自らつくりだしたものであることを隠蔽する」のである（Ball ed. 1990＝1999：3）。

またフーコーは、「知 savoir」について「人々が自らの環境を解釈し、形成するために用いるあらゆる類の意味」であるとし、言説はこの「知」を包含するものであり、知は言説の存在の前提条件となるとした。フーコーの言説研究においては「いかにしてこれらの知が、権力／知の複合体において、権力諸関係と強固にむすびつくのか」を問題にする（Jäger & Maier 2009：34-35）。

本書で注目する教育社会学者バーンスティン Bernstein, Basil の理論は、後者の権力関係的言説研究のひとつと位置づけられる。ただし、バーンスティン自身は、自らの言説論の焦点がフーコーのそれとは大きく異なっているとし（Bernstein 1990：165）、フーコーの言説論を評価しつつも、その理論が階級関係に起因する権力を捨象した「社会関係なき言説」論である点を批判的にとらえていた。

バーンスティンは「象徴的統制は、権力関係を言説に読み換え、言説を権力関係に読み換える」（Bernstein 1990：134）と述べる。このことは、言説が常に権力と不可分な関係にあり、言説の分析は同時に権力関係の分析となることを示唆する。彼の意図は、言説の配分と正当化、およびその伝達—獲得過程における権力的諸関係の検討を通じて、人々の意識・行動様式に対するシンボリックな統制の意味を問い直すことにあった。

2　バーンスティンの教育言説論

類別と枠づけ

バーンスティンの理論は、その高度の洗練性と難解さで知られるが、言語社会化論、権力と統制論など、知識伝達研究にかかわる理論として応用範囲が広い。彼の問題関心は、知識の伝達構造に潜む象徴権力、すなわち文化や社会に浸透する見えない権力関係と、その伝達の構造の理論的解明にあった。そこで提示されたのが、権力（類別）と統制（枠づけ）という、再生産の外的・内的関係の分析概念を柱とする教育コード理論である。

バーンスティンは、教育コード理論において、学校教育におけるカリキュラム curriculum、教授法 pedagogy、評価 evaluation という三つのメッセージ体系を通じて、いかなる知識が、どのような方法で、生徒のなかに具現化されるかに注目した。その際、教育コードの基本原理の分析のために、教育内容の分化と内容間の境界維持の程度を意味する類別 classification と、教授―学習関係のなかで知識が伝達・受容される際の自由裁量の度合いを表す枠づけ framing の概念を用いた。

類別は、「諸機関の間、さまざまな担い手の間、諸言説の間、諸実践の間のいずれであろうともさまざまなカテゴリー間の関係を検証する」概念であり、カテゴリー間の疎隔の度合いに応じて、強い類別と弱い類別とを区別することができる（Bernstein 1996：19-21＝2000：41-43）。つまり類別は、カテゴリー間の境界の強弱（±C）を表し、境界をつくりだす権力と結びつく概念である。

枠づけは、親／子、教師／生徒、ソーシャルワーカー／クライアントといったローカルで相互作用的な教育関係におけるコミュニケーションの統制と関連している（Bernstein 1996：26-28＝2000：51-54）。枠づけが強い場合、伝達者がコミュニケーションの選択、順序、ペース配分、基準、伝達の社会的基盤を統制し、枠づけが弱い場合は、獲得者の側がコミュニケーションと伝達を可能にする社会的基盤に対するより多くの統制を有するように見える。すなわち枠づけは、言説の実現形態を提供するコミュニケーションの形式であり、言説生産にとっての実現ルールを規制する原理となる。

教育コード理論は、知識伝達の構造分析、さらに「教育言説」理論へと展開していく。バーンスティンはそれらの理論を通して、権力関係が社会的文脈を通じて、いかに知識の組織・分配・評価に浸透していくか、知識のメッセージ体系が構成され、伝達され、再配置されるプロセスに着目したのである。

「教育言説」とは何か

バーンスティンの根本的問いは、知的、実践的といったさまざまな知識が、教育的コミュニケーションへと変換される際に、その基底に一般的な原理があるかどうか、ということである。彼がこの問いを発したのは、教育システムが国家、経済、文化といった諸システムとの間でどのような関係をもち、それが教育の不平等の再生産、すなわち、階級、ジェンダー、人種、地域といったカテゴリー化による分割の権力と、知識伝達の体系的構造にいかにかかわるかの理論的解明にあったからである。

バーンスティンの研究は、学校教育に代表される制度的教育 education だけではなく、より広義の教育 pedagogy、すなわち文化伝達と再生産にかかわる営み全般への関心に特徴がある。バーンスティンの理論は、いわばペダゴジーの社会理論、つまり育児やしつけといった日常的でローカルな場における知識伝達の実践から、オフィシャルな（公式の）知識伝達までを含むトータルな教育伝達を視野に入れたものととらえるのがよいだろう。

彼が提起する「教育言説」とは「それ自身の原理に従って言説を脱配置し、再配置し、再焦点化する一つの原理」である。それは言説そのものというよりも「教育言説の選択的な伝達と獲得のために、他の諸言説が領有され、互いに特別な関係がもたらされる原理であり、教育言説は、言説の流通と再秩序化のための原理」である（Bernstein 1996: 46–47＝2000: 82–83）。

「教育言説」は、教育的な事項が選ばれ、つくりだされる専門化されたコミュニケーションを創出するルールに依拠している。いいかえれば、教育言説は、いくつか存在する言説のなかから、ある言説を妥当なものとし、その選択・伝達・獲得のために言説相互の特有の関係をつくりだす原理である。それは権力と結びついて、何が、誰にとって重要か（カテゴリー間の境界）、またそれをいかに伝達するか（再文脈化）という教育主題を恣意的につくりだす、特定のコミュニケーションのルールである（Bernstein 1996＝2000; 柴野 2001: 37; 天童・高橋 2011: 67）。

「教育装置」を読み解く

教育言説論は、言説の生産、伝達、獲得のプロセス全体を見通す原理として提示されているが、その説明のために提起されたのが教育装置 pedagogic device の分析概念である。そこでバーンスティ

図 序—1　育児言説と象徴的統制の概念モデル

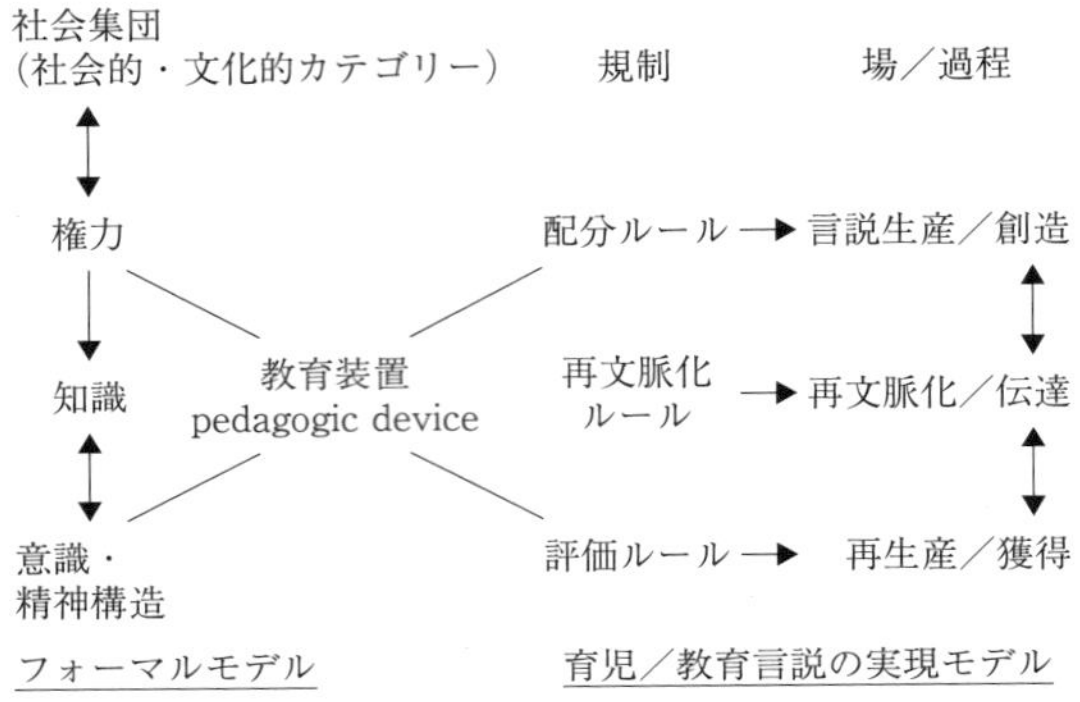

（Bernstein 1996: 52, 118）をもとに作成

ンは、教育装置を構成する三つのルール（諸規則）を挙げている。やや難解ではあるが、教育装置の鍵概念を読み解いていこう。

第一に、誰が、何を、誰に、どのような条件で伝達するかを指示し配分する配分ルール distributive rules、第二に、述べられ語られていた言説が、伝達されるプロセスで再文脈化されて変化する再文脈化ルール recontextualizing rules、そして第三に、再秩序化のプロセスを経て、その内容が評価され人々に獲得される評価ルール evaluative rules である（図序—1）。

まず、左側に示されるのは、社会集団と権力、知識、意識の関連であるが、それをつなぐのは配分ルールである。配分ルールの機能は、社会集団、意識形態、実践の間の関係を規制する、知識の配分というカテゴリー化（類別という権力）である。配分ルールは、「言説の生産の領域」であり、言説生産の特化された領域を創出し、それへのアクセスの特化されたルールを伴うものである。バーンスティンは、この領域は「今日ではますます国家そのものによって統制されている」という（Bernstein 1996: 45＝2000: 82）。

再文脈化ルールは、ある特定の教育言説の形成を規制し、特定の文脈を付与し、再秩序化させる規則である。再文脈化ルールは、何が教育言説か、どの言説が教育実践の事項の内容になるかを規定化するが、それだけではなく、どのようにという教授の方法も選択する。その意味で再文脈化ルールは、枠づけという統制にかかわっている。

また再文脈化は、再文脈化領域 recontextualizing fields において展開される。バーンスティン理論をふまえれば、再文脈化がなされる領域として、①知的生産の領域 field of intellectual production（学問研究の領域）、②官制的再文脈化領域 official recontextulizng field（政府・国家の領域）、③教育的再文脈化領域 pedagogic recontextualizing field（市場や学校教育現場）、④一次的再文脈化領域 primary recontextualizing field（家族・仲間集団などのローカルな領域）を挙げることができる（Bernstein 1990: 191–192）。

そして、「配分ルール」と「再文脈化ルール」によって編成された教育言説は、ミクロレベルの実践の文脈において、「時間（年齢）」「空間（伝達）」「内容（テクスト）」を特化された関係のなかに導き入れる規制的原理としての「評価ルール」へと変換され、相互作用的実践を生起させる（Bernstein 1996＝2000: 115）。「評価ルール」はあらゆる教育実践を構成するが、実際の教育的営みの場では個別的な教育実践に見えるものも、あるひとつの目的のために存在している。それは、到達基準の移転という目的である。評価の諸規則は、教育実践における意識への統制にかかわり、正当な教育実践のあり方を諸個人が判断する規準＝コードを生みだすのである（Bernstein 1996: 43–52＝2000: 77–92）。

バーンスティンが教育装置の概念によって記述しようとしたのは、誰に、何が、どのように伝達され、結果としていかなる実践が生みだされていくのかという「通常は目に見えないが、その効果により知ることができる」(Moore 2013: 155)、一連の文化伝達の過程である。

教育装置の概念を用いることによって、ある特定の言説空間において、「正当な言説」のカテゴリーとされるものがどのように変化し、その変化にどのような社会集団・階級がかかわっているのか(配分ルール)、同時に正当な言説カテゴリーは、どのような言説を配置・脱配置・再配置することによって、自らの正当性を確立しているのか(再文脈化ルール)、さらに正当な言説カテゴリーは、相互作用的文脈・実践の文脈において、正当な意識・行動の評価規準を生みだし、いかに受容・獲得されるのか(評価ルール)という、象徴的統制の過程を考察することができる。

育児言説への応用

教育や育児・教育言説の生成、言説の再文脈化、言説実践について、育児や学校教育の現実を振り返れば、いくつもの事例に思い至るだろう。特定の専門的知識に根差した知見が、もともとの文脈を離れ、他の文脈と結びつけられ、再秩序化されて、育児の言説実践として正当化された例(たとえば三歳児神話)、学校教育において、特定の科目がジェンダー類別のもとに不均衡に配分されたり、特定の科目やシンボルの意味づけが、時代や社会、政治的要請によって改変されたりというように、知識配分の脱配置、再配置がなされる事例は少なくない。

教育装置が、社会における権力の配分と統制の原理を、理論的に可視化する装置として設定されたと考えるならば、バーンスティンの教育言説理論は、マクロな社会における権力関係が、教育のプロセス内部の統制の様式にいかに具現化されるかを、社会・文化構造的フォーマルモデルと、言説の生産、伝達、獲得の実現モデルの連続性として描きだした点で、言説と権力と知識伝達の構造分析の統合理論ととらえることができるだろう。

バーンスティンの関心は、広義の教育（ペダゴジー）と知識伝達の社会学的検討にあったことに留意したい。そこには学校教育のみならず、家族における子育てという文化伝達の営為も含まれる。すなわち、子育てもまた、知識伝達のひとつとして象徴的統制にかかわる実践に他ならない。バーンスティンの教育言説論は、社会制度としての教育（フォーマルな教育）に特化したものではなく、シンボリックな統制を中核にした「文化や知識の生産・伝達・再生産に関する綜合理論」（柴野 2001：34）なのである。

この理論を育児言説に応用するならば、権力によって正当化された特定の育児と教育の言説が、絶えざる再文脈化の過程を経て、日常的育児・教育実践を通してどのように意識形態を形成するかという、伝達、具現化 realization の潜在的プロセスの検討が可能となろう。

育児言説の特徴は、次のように整理できる。

(1) 育児言説は、子ども・子育て・社会化にかかわる現象に特定の意味を付与し、社会秩序を創出する規制にかかわる「ことばの束」である。

(2) 育児言説は、子どもの産育を統制する「枠づけ」として、日常の育児の営みに立ち現れる。

(3) 育児言説は、もともとの文言がある文脈から切り離され、ある特定の言説が強化され、再文脈化されて変容する、言説の再秩序化のプロセスである。

(4)　育児言説は、社会のなかに可視的・不可視的に存在する権力的諸関係と結びつき、ジェンダーという文化的カテゴリーの形成を通じて象徴的統制を生みだしていく。

3　ジェンダー、言説、文化的再生産

ジェンダー gender と言説研究のかかわりは深い。また、育児と教育にかかわる不平等の再生産においてもジェンダーの視点は欠かせない要素である。

ジェンダー概念は一九六〇年代後半から七〇年代、欧米で活発化した第二波フェミニズムの潮流のなかで生みだされた。ジェンダーはもともと、言語学の文法用語として名詞の性別を表すことばであった。それに「社会的・文化的につくられた性別」の意味を与えることによって、社会における男女間の不平等を照らし出す新たな概念となった。今日ジェンダーは、女性の地位向上やエンパワーメント、社会に可視的・不可視的に現存する性差別の認識と是正にかかわることばとなり、さまざまな学問領域における分析視角として定着している。

このジェンダー概念が生みだされた背景には、性の社会的・文化的構築性への気づきがあった。教育や文化研究、言語学の分野においても第二波フェミニズムは大きな影響をもたらした。一九八〇年代、言語と性差別の問題をいち早く指摘したスペンダーは、ことばは社会的行為であるとし、言語が性差別を再生産することを家父長制とのかかわりで論じた（Spender 1980＝1987）。また、相互作用的言説研究はジェンダーの視点からも多くの蓄積があり、男女の会話の順番取りやコミュニケーションに

おけるジェンダーの差異と優越などの研究がある（Tannen, Cameron ら）。

教育とジェンダーの領域では、一九八〇年代の欧米でマルクス主義フェミニズムに依拠した「階級とジェンダー」の複合的差異化の検討がなされた。たとえばイギリスのフェミニスト教育社会学の代表的論者アーノット Arnot, Madeleine は、バーンスティンの教育コード理論をもとに「ジェンダー・コード gender code」概念を提起した（Arnot 1982）。「ジェンダー・コード」は、ジェンダー関係の不平等の維持・存続のメカニズムにかかわる規制原理であり、ジェンダー類別（ジェンダーのカテゴリー化という権力）と、ジェンダー枠づけ（コミュニケーションの統制）によるジェンダーの再生産構造と象徴的統制を示す枠組みである。バーンスティンの研究自体はジェンダー視点が希薄であったが、その再生産論にジェンダーの分析視角を導入し、ジェンダーの再生産構造の全体像を提示する理論的深化もなされている（天童 2000）。

文化的再生産とジェンダーの研究は多岐にわたるが、フランスのデュル＝ベラ Duru-Bellat, Marie は、ブルデューの文化的再生産をジェンダー視点から応用した『娘の学校』（Duru-Bellat 1990＝1993）を著した。またアメリカのサドカーらによる『「女の子」は学校でつくられる』（Sadker & Sadker 1994＝1996）など、九〇年代には、学校文化に潜む権力と差異化のメカニズムを解き明かす研究が生みだされた。

言説とジェンダー研究においては、批判的言説分析とジェンダーを関連づけた研究の蓄積がある（Wodak ed. 1997）。サンダーランドは *Gendered Discourses*（『ジェンダー化された言説』）において、言語学的視点からアプローチし、育児雑誌やメディアにおける「父親言説」や、児童文学に浸透するジェンダー言説の実証的研究にも取り組んでいる（Sunderland 2004, 2006）。

さらに、言説と権力にかかわるジェンダー研究としては、ポスト構造主義フェミニズムの思潮を挙げるべきだろう。八〇年代後半以降のフェミニズム理論は、女性の多様性、性別二元論の問い直し、とりわけ言説による性的差異の構築を問題としてきた。なかでもフーコーの影響のもとに、ポスト構造主義フェミニズムの立場から性別二元論の批判を展開したのがバトラー Butler, Judith である。

バトラーは、ジェンダーを「言説実践による身体秩序の産出」のもとで生みだされ、身体を繰り返し様式化していくなかでつくりだされる社会的・文化的・象徴的カテゴリーとみなす。さらにジェンダーのみならず、生物学的性別としてのセックス sex もまた、言説の文化的生産によってつくりだされたカテゴリーだとするのである（Butler 1990）。

バトラーは「身体の境界を確立する言説はすべて、何が身体を構築するのかを定めている適切な身体範囲や、姿態や、性関係に関する特定のタブーをつくりだし、それを自然化する目的に寄与するもの」であるとし、ジェンダーは「固定した文化の刻印としてではなく、ある種の普段の反復行為」と述べている。そこで援用しているのが文化人類学者ダグラス Douglas, Mary の示唆である。ダグラスは、かつてロンドン大学でバーンスティンの同僚として学問的親交があったことが知られているが、彼女の「象徴としての身体」論にはバーンスティンの社会言語論が活かされている。ダグラスは「身体とは特定の社会関係の型を表現するのに用いられる象徴的な媒体」であるとし、身体を用いた象徴表現にかかわる境界線の線引き（類別システム）と文化支配にかかわる言説実践への言及を行っている（Douglas 1970; 天童 2004b）。このような言説による身体の構築、言説実践から生みだされるジェンダー類別といったジェンダーと言説のかかわりは、再生産をめぐる身体の境界など、ジェンダー秩序の再生産を考察する分析視角となる可能性を秘めている。

4　批判的言説分析の視点

本章では最後に、言説分析の視点のひとつとして、「批判的言説分析 critical discourse analysis」（以下ＣＤＡ）について述べておきたい。

ＣＤＡとは、言語や言語使用に埋め込まれた、不平等や差別意識等の社会的側面に注目して、言語と社会を論じるアプローチであり（Fairclough 2003）、その特徴は「自らの言語学的分析手法の内に、ポスト構造主義的な権力、真理、知への問いや、不平等と抑圧についてのマルクス主義的な関心を組み入れる」点にある（Mills 2004：118）。

ＣＤＡの代表論者のひとり、フェアクラフ Fairclough, Norman によれば、言説は「社会生活における他に還元できない基本の要素」であり、それは「社会生活の他の要素と弁証法的に相互に関係し合っている」という（Fairclough 2003＝2012：2）。ＣＤＡは、言説とイデオロギーは密接に重なり合うという前提に立ち、言説を「人々が諸個人あるいは社会的主体として構成される過程の中心的な媒体」とみるアプローチである（Mills 2004：118）。

メディア言説と主体

CDAは、言説と主体 subject/sujet の関係に焦点を置く。かつてフランスのマルクス主義哲学者アルチュセール Althusser, Louis は、「あらゆる言説は、その必然的な相関物としてなんらかの主体をともなう」（Althusser 1993＝2001: 147）と述べたが、イデオロギーの具現化形態である言説が、諸個人に呼びかけることによって、諸個人が主体へと転換されるという視座は、CDAにおいても共有されている。

言説分析において主体とは、「テクストのなかで表象される人間の存在」を意味するが、フェアクラフは、このような観点から、テクストにおいて「主体」がどのように描かれ、位置づけられているのか、すなわち、「主体位置 subject position」（Fairclough 2001＝2008）を問おうとする。とりわけ、「主体位置」が問題となるのは、メディア言説 media discourse においてである。

メディア言説は、生産者と消費者間でやりとりされる商品のような性格を帯びた、マスメディアの生産物（Fairclough 2001＝2008: 58）であるが、本書の分析対象である育児雑誌や広告なども、商業ベースのメディア言説とみなすことができる。メディア言説は、その基盤を資本主義的生産活動にもつがゆえに、そこで表象される人間存在は、既存の生産関係・社会秩序の維持・再生産に寄与する「理想的主体 ideal subject」（Fairclough 2001＝2008）として描かれる。

たとえば、雑誌記事上の言説は、特定の言説に親和性のある階級的性向・ハビトゥスをもった諸個人・社会集団＝「理想的主体」をあらかじめ想定して編成されるがゆえに、その受容過程で抵抗が生じることは少ない。諸個人は、自らの内部にあらかじめ埋め込まれた内的な主体の表象に合致する

──雑誌上の言説に表象された外的な──「理想的主体」を取り込むため、諸個人は「つねにすでにtoujour déjà」(Althusser 1970＝1993, 1995＝2005) 主体として存在することになる。CDAは、メディア言説の編成過程において、特定の「主体位置」がどのようにして正当化されてきたのか、また、表象される「理想的主体」が社会的にどのような意味をもつのかを問うのである。

言説と再文脈化

さきにみた「再文脈化」(Bernstein 1990, 1996) の概念は、CDAにおいても重要な分析概念に位置づけられており、これを援用する論者は共通して、その概念形成におけるバーンスティンの貢献を認めている (Chouliaraki & Fairclough 1999; Fairclough 2003＝2012; van Leeuwen 2008)。

代表的なCDA論者のひとりヴァン＝ルーウェン van Leeuwen, Theo は、社会的実践 social practice と言説との関係を理解する概念装置として「再文脈化」を用いている。彼は言説を、社会的実践が再文脈化されたものとしてとらえる。そして、社会的実践が再文脈化され言説となるときに、そこで何が排除されたり、取り込まれたりするのか、つまり、社会的実践のどのような要素が言説に入り込むのかを問おうとする (van Leeuwen 2008: 6-8)。CDAにおいて「再文脈化」は、社会において特定の実践が正当化されていく過程を把握するための重要な概念装置となっているのである。

一方、フェアクラフは、「再文脈化」をひとつの言説実践とみなし、これを「テクストが他のテクストをどのようにして、用いたり、組み込んだり」するのかを記述するための概念として用いている (Fairclough 2003＝2012: 21)。

「再文脈化」の概念が拓くのは、テクストに表象される人物＝主体や出来事、社会的実践の「正当性legitimacy」が、どのようにして確立されるのかを問う視点である。つまりそれは、ある人物の正当性をうち立てるロジックが、どのようなテクストの組み合わせによって成立するのかを問題にしたり、また、さまざまな社会的実践のうち、なぜ他ならぬその社会的実践が、ある特定の時期に、特定の社会的文脈において、特定のメディアで表象される資格を得たのかを把握したりすることを可能にするのである。

このようにＣＤＡは、言説と主体の関係や再文脈化の過程に目を配りながら、社会への「批判的」分析に取り組むアプローチである。もっとも、ＣＤＡにおける「批判critique」とは、そのことばによって通常理解されるような、「物事に検討を加えて、判定・評価すること」にとどまるものではない。ＣＤＡにおける「批判」は、「物事が相互にどのように結びついているのかを目に見えるようにしていくこと」(Wodak & Meyer 2009: 7) をも意味している。つまり、ＣＤＡは、言説を切り口としながら、社会を創出し維持している深部の関係性あるいは構造に迫ろうとする分析手法なのである。

本書では、以上のようなＣＤＡの視点を織り込みながら、メディア言説がどのような「理想的主体」をつくりだすのか、また、再文脈化によってどのような社会的実践が正当化されるのか、その社会的実践がどのような人々に受容されていくのかについて、育児言説を鍵概念として考察していく。

家族が求める育児情報はどのように変化し、そこにはいかなる社会の構造的変化があるのか。実際の育児メディアの言説の変容の考察を通して、人々の日常的育児・しつけの営み、育児戦略、教育実践を規制し、方向づける「見えない統制」に迫っていこう。

（天童睦子・高橋　均）

〈付記〉
本章の理論的枠組みについては、草稿の段階で柴野昌山先生（京都大学名誉教授）より貴重なコメントをいただいた。記して感謝申し上げる。

第1章　育児戦略と言説の変容
――育児雑誌の半世紀――

1　育児メディアへの注目

日本における市販の育児メディアは、一九六〇年代の育児書ブーム、七〇年代の育児雑誌の創刊期、九〇年代の育児雑誌の興隆期と、それぞれの時代の変化を映し出してきた。なかでも二〇〇〇年代以降の特筆すべき変化は、大きく二つある。ひとつには母親向けが主流であった育児雑誌に、父親向け、とくにビジネスマンの父親を意識した育児・教育雑誌が登場したこと、もうひとつは育児のノウハウの平易な伝達という典型的な育児雑誌の特徴を超えて、母親のファッション情報や、自然環境、食文化を盛り込んだ子育て期の家族のライフスタイルの多様化に応えようとする育児情報誌が目立ってきたことである。このような育児メディアの趨勢は、家族にとっての新たな育児戦略の一端を示しているといえよう。

本章では、育児戦略と言説の変容を、子育て期の親にとって身近な育児メディアの趨勢分析とそこに登場する言説の変化を通して描き出したい。まず、鍵となる育児戦略の理論的枠組みを提示し、本書全体にかかわるバーンスティンの見えない統制、垂直的／水平的知識の概念を紹介する。そのうえで、一九六〇年代後半から二〇一〇年代までおよそ半世紀にわたる育児雑誌の変遷をふまえて、育児言説の変容を論じる。

2　育児戦略の理論

育児戦略とはなにか

育児戦略とはひとつには、育児の担い手である親の産育意識、しつけ方、教育投資といった育児意識と育児行為の総称であるが、それとともに親自身にも明確に意識されない、社会に構造化された暗黙の戦略を指す概念である。さらに育児戦略には国家、行政、市場などの諸局面において展開される、子ども・子育てをめぐる政治的・経済的・文化的戦略も含まれる（天童編 2004）。

「戦略 strategy」はもともと「兵士の才略」を意味し、経営戦略や国家戦略といった表現に見られるように、その響きには競争的状況のなかで勝ち残り、生き残りをかけた目的合理的な方略の意味がある。しかし、ブルデュー Bourdieu, Pierre が文化的再生産論において述べたように、個々人の自由な判断や選択に委ねられたかに見える慣習行動は、その人の属する社会集団に特有の行動様式の体系（ハビトゥス）によって方向づけられた「再生産の戦略」を持つのであり（Bourdieu 1979＝1990）、個人的で自由な「選択」や嗜好にも個人や家族が織りなす文化資本の保持・増強の戦略が立ち現れる。

資本の保持・増強の戦略概念は、育児資源（育児にかかわる経済的・文化的・人的資源）の獲得戦略の検討にも応用可能なものである。またそれは個人や家族の意識的「選択」と「判断」に委ねられたかに見える育児行為が、マクロな社会構造や文化的制度と関連していることを示すものとなる。

この戦略概念をふまえて本論では、育児戦略を次のように定義しよう。育児戦略とは、①親の出産・育児としつけの意識や方略、②親自身にも明確には意識されない、社会に構造化された暗黙の戦略、③国家や市場において展開される子どもの産育をめぐる政治的・経済的・文化的戦略、の三つのレベルでとらえることができる（天童編 2004: 8-10）。このような日常的営みとしての育児（ミクロ）と、社会の構造的変化（マクロ）をつなぐ分析概念が育児戦略である（図1―1）。

育児戦略は、日々の実践的な育児行為のレベルに、構造的・象徴的な力関係がどのように反映し、どのように境界づけられ（類別）、またその権力関係が人々のアイデンティティにどう影響を与えるか（枠づけ）、その内部の伝達過程をトータルに分析するための枠組みである。ここで鍵となるのは、前述したバーンスティン Bernstein, Basil の類別 classification と枠づけ framing である（序章参照）。

類別は、デュルケム理論における「思考の基本的カテゴリー」に依拠し、バーンスティンが洗練させたもので、カテゴリー間の境界を作り出し、正統化し、再生産する権力 power と結びついた概念である。枠づけは、伝達のコミュニケーション形態を統制 control する枠をいう。彼のいう権力と統制は、分析的には区別されるが、経験的には社会のさまざまな場面に相互に埋め込まれていると考えるのがわかりやすい（Bernstein 1996; 柴野 2001; 天童編 2004: 14）。

図１―１　育児戦略の３つのレベル――育児戦略の概念図式――

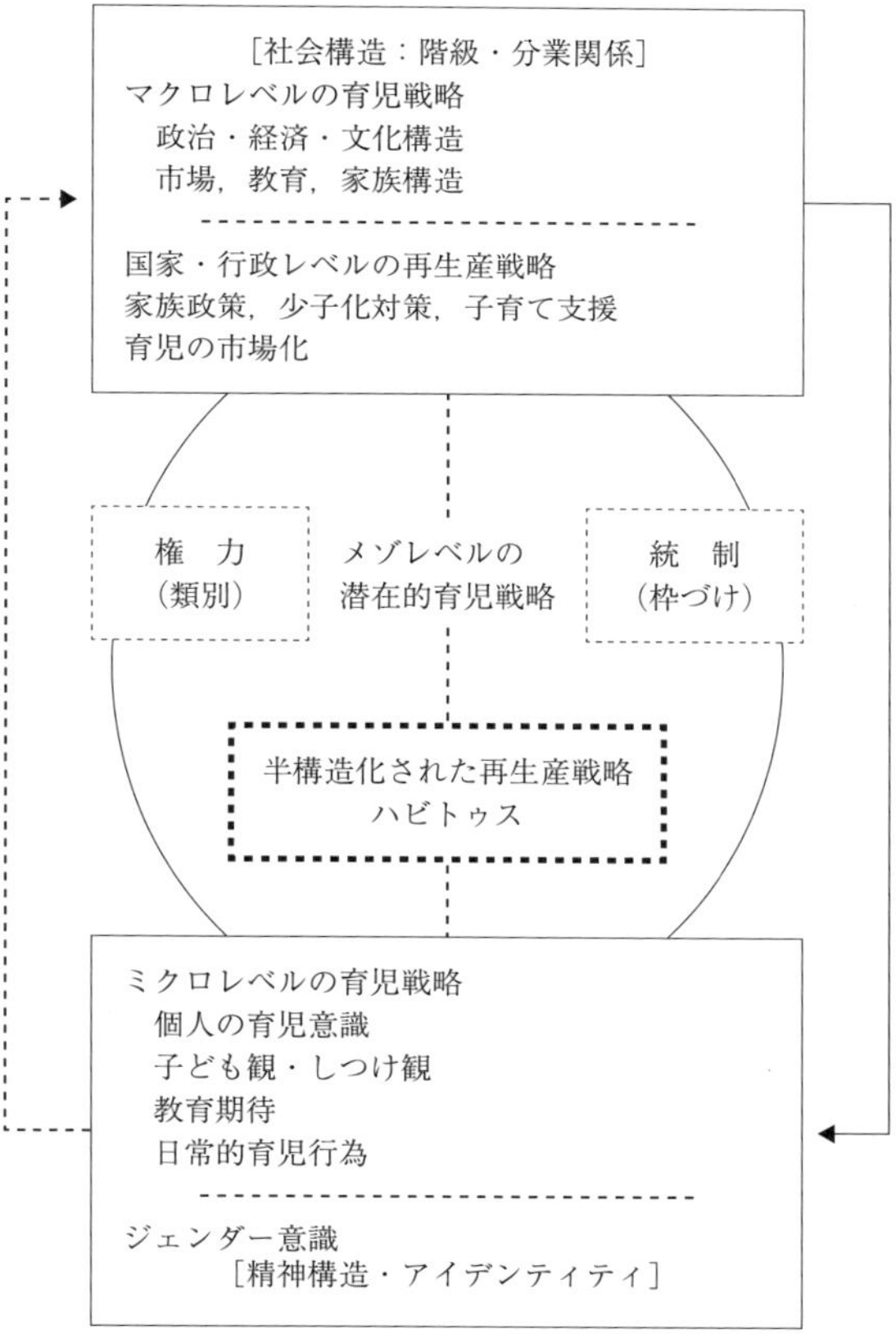

（天童編 2004：9）

バーンスティンの見えない統制と家族の二類型

教育社会学者バーンスティンの理論は、家族や子育ての実証的研究に応用可能な内容を持っている。ここでは家族の二つの型（地位家族から個人志向家族へ）と、二つの統制様式（見える統制／見えない統制）を提示したい。

地位家族 positional family は、家族成員の地位間の境界が明確で、年齢、性別、出生順位にもとづく序列的な社会統制（見える統制）によって形成された家族であり、子どもの社会化は、定式化された地位と役割の型を親から子へと一方向的に伝達する形態である。それに対して個人志向家族 person-oriented family は、家族成員の地位的境界が不明瞭で、個人の差異をもとに分化した家族であり、子ども本位の個人中心的な社会化が子育ての主流となる。地位家族から個人志向家族へという家族の変化は、子どもの統制様式における、「見える統制」から「見えない統制」への変化をともなうものであった。

この二つの家族の型と統制様式を日本の家族の変化に引きつけていえば、伝統的家族は、たとえば後継ぎとそれ以外の子、あるいは男女の区分や年齢的序列が明示的であり、家父長制的イデオロギーにもとづく地位家族の特徴を色濃く持っていた。子どもの社会化、しつけの型は、命令的で明示的であり序列的な「見える統制」であった。それに対して、個人志向的な子どもの社会化を特徴とする個人志向家族においては、「見えない統制」が主流となる。

見える／見えない統制は、見える／見えない教育方法 visible/invisible pedagogy をふまえたものである。見える統制は、家族成員の境界が明確で、序列的、地位統制的な統制様式を意味し、強い上下関係を帯びた統制で、強い類別（＋Classification）と強い枠づけ（＋Framing）にもとづいている。一方、見えない統制は、弱い類別（－C）、弱い枠づけ（－F）による統制であり、地位的境界が不明瞭で、精密化された個人対個人のコミュニケーションのなかでの統制で、子ども本位、個人中心的社会化の様式となる。これは、「近代家族」の子ども中心主義的な統制様式とほぼ同義といってよい（Bernstein 1977：天童編 2004：21-23）。

育児知識の伝達構造――垂直的知識から水平的知識へ

もうひとつ、育児言説の変容を論じるうえで有効な、育児知識の伝達構造の変化を指摘しておこう。育児知識とは、育児にかかわる価値、信念、情報、規範意識の総体である。それは社会、時代、地域、文化等によって変化するものであり、このような育児知識にもとづく育児行為は、個々の家庭や親のしつけ意識や価値志向、教育方針のもとで規定される個別的行為であるだけでなく、社会や文化において共有された知識の伝達と再生産にかかわる社会的行為である。

本書で取り上げる育児メディアとしての育児雑誌は、育児情報の伝達媒体としての機能を持つ。その際の知識伝達と言説の様態は、バーンスティンのことばを用いれば水平的知識伝達である。

バーンスティンは、知識構造の組織化と知識の伝達・獲得の場について、垂直的知識と水平的知識という二つの鍵概念を提示し、現代の知識伝達の構造の探究には、両者の統合的分析が欠かせないとした（Bernstein 1996：169-181＝2000：283-302）。本論では、育児メディアの変容にこの概念を応用し、専門的、権威的知識としての垂直的育児知識から、ローカルな日常的知識の共有という水平的育児知識へと、伝達の様相の変化があることを指摘したい。

バーンスティンのいう垂直的知識とは、ハイアラーキカルな専門的知識であり、科学的で専門的、明示的で一貫性を持ち、体系的原理を備えたことばに対応する知識を指す。それに対して、水平的知識は、日常的・常識的知識であり、ローカルで文脈依存的な話しことばに対応している。また、二つの知識構造は、言説とそれにもとづく戦略にかかわるものとして提示されている。この知識伝達の構造研究はさらに教育言説論に応用され、垂直的／水平的言説が提示される。

バーンスティンによれば、垂直的言説において用いられる知識は、断片的なローカルな知識ではなく、見える形で自覚的に集められた知識であり、専門的な問いの様式とテクスト生産の基準をともなった一連の専門的言語形態をとる。一方、水平的言説は、ローカルで、文脈依存的で、暗黙的、多層的であり、固定的ではない。水平的知識にもとづくその実践は、日常生活のローカルな場や人々に適応する、文脈に特有の戦略からなる（Bernstein 1996：170–171＝2000：285–286）。

これを育児知識の伝達構造の考察に応用すれば、価値と文化の体系的伝達という垂直的育児知識の伝達と、日常生活世界における処方的知識という水平的育児知識、両方の統合的考察を通して、ある社会や文化で妥当性を付与された言説のもとで正当化された育児戦略の検討を深めることができよう。

3　育児メディアの興隆と育児言説の変容——高度経済成長期〜一九八〇年代

育児メディアの登場の背景

戦後の育児書ブームの到来の背景には、育児知識の伝達構造の変化があった。育児書の起源を歴史的に見れば、江戸期の武士階層の父親向けに出された「子育ての書」（太田 1994）、さらに遡れば平安時代の医書『医心方』（九八二年）に盛り込まれた「小児方」に起源を見ることができる（天童編 2004：18）。

今日の育児書、育児雑誌などの一般大衆向け育児メディアの普及は、近代家族の広がりとかかわっている。近代家族は、公私の分離、性別役割分業、子ども中心主義、母性愛の過度の強調といった特徴を持つが、日本において、個人志向的な子どもの社会化を特徴とする「近代家族」が一般化するのは、一九六〇年代からの高度経済成長期以降のことである。そこで子育て期の母を支える育児情報源として登場したのが育児書、育児雑誌といった育児メディアであった。

育児雑誌には行政の手による冊子や、健康保険組合との契約を通して販売・配布されるもの、テレビ番組の視聴者向け教材などもあるが、本書では、いわゆる商業ベースの育児関連情報誌に限定し、その趨勢と内容の変化に着目している。それは商業雑誌という流動性の高いメディアの特性上、短期間で消え去る諸誌もあるものの、読者である親のニーズを反映しやすいメディアと考えられるためである。また、商業ベースの育児雑誌の種類は多岐にわたるが、本書では、妊娠・出産期向けから小学校の子どもを持つ親向けの教育情報誌等を含めて、育児関連雑誌として分析の対象に取り上げている。前述したように、親の多様なニーズに即した情報源に注目するためである。なお、分析対象期間は原則、各誌創刊号から二〇一四年一二月号までとした。

表1―1にまとめたように、各年代の育児メディアの特徴を見ていこう。

高度経済成長期以降の育児書の代表格として挙げられるのは、松田道雄による『日本式育児法』や『育児の百科』であろう。また、『スポック博士の育児書』の翻訳が出版されたのもこの時期で（一九六六年）、欧米型の育児法への関心の高さがうかがえる。しつけの社会理論を展開した柴野によれば、『スポック博士の育児書』は欧米のそれまでの厳しいしつけが受容主義へと転換した時期に書かれたものであり（アメリカでの初版は一九四五年）、日本への輸入においては従来の育児知識の「社会的在庫」のなかに欧米型の自立と受容を原則とした育児法が取り入れられたと見ることができる。そのなかで、松田の育児論は、小児科医の立場からの科学的育児法の紹介であるとともに、「西洋医学によって無視された赤ちゃんの生理学が、日本の風俗・習慣のなかでどんなに大事にされたものであるか」を明らかにし、伝統的育児のなかに存在した合理性の再発見に努めようとするものであった。

実は、敗戦後まもない時期には、戦時下の人口増強政策と結びついた「母性の統制」的言説から一転して、占領軍主導の保健衛生政策のもとで「科学的で正しい」育児法が上からの「権威」として垂直的に伝達され、その一方で民間伝承による水平的な育児知識は「非科学的育児法」として退ける論調があったという（横山 1986：天童編 2004：23-24）。戦後の育児書ブーム到来の背景には、戦前・戦中までの育児方略とは断絶した、近代的・科学的育児法に依拠した育児知識の模索があったといえよう。

表1―1　育児メディアの変遷と育児言説の変容

時代	育児メディア	育児言説	家族関係・社会動向
1945-60年代	育児書ブーム		
戦後―高度経済成長期	『日本式育児法』（松田道雄 1964）『育児の百科』（同 1967）『スポック博士の育児書』（翻訳書 1966）	科学的育児法 垂直的育児知識 戦前・戦中までの育児方略との断絶・距離	人口転換 出生率低下 近代家族の浸透 都市的ライフスタイル
1970年代	育児雑誌の登場期		
	市販の育児雑誌の登場 『ベビーエイジ』（1969）『わたしの赤ちゃん』（1973）二大有力雑誌に	母親の育児・しつけ責任の強調 父親の協力的育児への言及 科学的育児法の平易な伝達	性別役割分業の浸透 「子捨て・子殺し」報道の増加 都市型家族の孤立する子育て 身近な相談相手の不在
1980年代	マタニティ雑誌ブーム		
	妊娠・出産情報誌の登場 『マタニティ』（1985）『P·and』（1985）『Balloon』（1986） 育児雑誌の細分化・多様化『プチタンファン』（1981）	「産む私」の意識化，主役化，ヒロイン妊婦 母親の育児不安 母親の悩みの誌上共有 水平的育児知識の伝達媒体	晩婚化・晩産化の進行 男女雇用機会均等法制定（1985） 専業母，母性神話への懐疑
1990年代	読者参加型育児雑誌の興隆		
	共感型の育児雑誌，親子読者モデル，写真，イラストの多用『たまごクラブ』『ひよこクラブ』(1993) 旧来型育児雑誌の衰退 インターネットの普及	楽しむ育児・本音の育児 育児の重圧からの解放 「父親も育児」の声の高まり 水平的育児知識の徹底 専門家より隣の子育て	育児休業法施行（1992） 少子化の社会問題化 厚生省「育児をしない男を，父とは呼ばない」キャンペーン（1999）
2000年代	父親向け育児雑誌の登場		
	父親向け・家族向け育児・教育雑誌　ビジネスマンの父親を意識『プレジデント Family』(2005)，『日経 Kids+』(2005)，『edu』(2006)，『AERA with Kids』(2007) 育児雑誌の多様化，ファッション化，スタイリッシュな育児雑誌『プレモ』『ベビモ』(2002)	家庭の教育力 家庭責任の強調 父親の育児参加 ファッションとしての子ども・子育て	グローバル化，格差社会 新自由主義，新保守主義 少子化対策・子育て支援の政策化 ジェンダー体制の再編 「男性の育児参加」意識の広がり ジェンダー平等に向けた潮流 家族の自己責任の強調

（天童編 2004，天童 2013a）をもとに作成。家族関係・社会動向は（宮坂 2000），（矢澤・天童 2004）などを参照

戦後から一九六〇年代までの育児メディアにおける知識伝達は、総じて、専門的知識にもとづく科学的育児法の伝達であり、垂直的育児知識の伝達構造にあったと要約できる。

育児雑誌の創刊期――「よりよい育児」の模索・一九七〇年代

二〇世紀後半の育児メディアの興隆は、主な読者層を形成していた母親たちの、子どもの発達、健康、しつけ、教育への関心の高まりが大衆化したことの表れである。

一九七〇年代前後、市販の育児雑誌の草分けである『ベビーエイジ』(婦人生活社、一九六九年創刊)、『わたしの赤ちゃん』(主婦の友社、一九七三年創刊)を二大育児雑誌として、育児雑誌ブームが到来した。『ベビーエイジ』創刊号の、「はじめての育児に戸惑う母のよきアドバイザーになって」や、「実家とも夫の家とも遠く離れて不安」といった読者の声に見られるように、子育てする核家族の母親の、育児不安を解消し、安心感を与え、処方的育児知識を提供する実用メディアとしての役割を担う雑誌としての誌面構成が図られていた。

育児雑誌の創刊と普及の時期には、産業構造の変化とそれにともなう家族と子育ての変容があった。戦後の産業構造の変化は、都市部への労働力移動と人々の生活構造の変化をともなっていた。家族においては、高度経済成長期以降の家族規模の縮小と家族構成の変化(核家族化)、また一九六〇年代後半から七〇年代にかけては、日本において「近代家族」の理念と形態が一般化し、既婚女性の多くが都市部の賃金労働者の夫を支える専業主婦となって、稼ぎ手役割の夫を家庭で支え、家事育児を一手に担う性別役割分業システムのなかに割り振られていった。登場期の育児雑誌は、このような都市化、家族にとっての子育ての変化、女性の妻・母役割への特化といった社会状況のなかで、都市部の若い母親を中心に広く読者層を獲得していった。

子どもへの関心の高まりと母親の育児責任

日本で商業ベースの育児雑誌が興隆を見せた七〇年代初頭は、合計特殊出生率が人口置き換え水準を下回り、七三年をピークに下降線を描き始めた頃である。そこにはより少ない子どもにより多くの配慮と関心を向けていく「少子化時代の育児戦略」があった。

一方で、「子どもへの関心の高まり」と背中合わせの「加害者としての母」の言説的構築があったことにも留意せねばならない。ジェンダーの視点から新聞言説を分析した田間によれば、一九七三年前後には「子捨て・子殺し・虐待」「母性喪失」といった表現のもとに、「加害者としての母親像」がメディアによって構築されていったという（田間 2001）。これは七〇年代の子ども中心主義の徹底と表裏をなす、母親の育児責任の強調による「母と子の閉じた物語」という言説空間を示すものといえるだろう。

マタニティ雑誌の登場と「産む私」の主役化――一九八〇年代

続く一九八〇年代は妊娠・出産情報誌の相次ぐ創刊に特徴づけられる。当時、出版界全体は、「老舗」の主婦向け雑誌が廃刊、休刊に追い込まれる厳しい状況下にあったが、出産・育児関連雑誌は例外で、マタニティ雑誌というこれまでにはない妊娠・出産期の女性向けの雑誌が相次いで刊行された

図１—２　育児雑誌発行部数および育児雑誌数の年次推移　1990〜2014 年

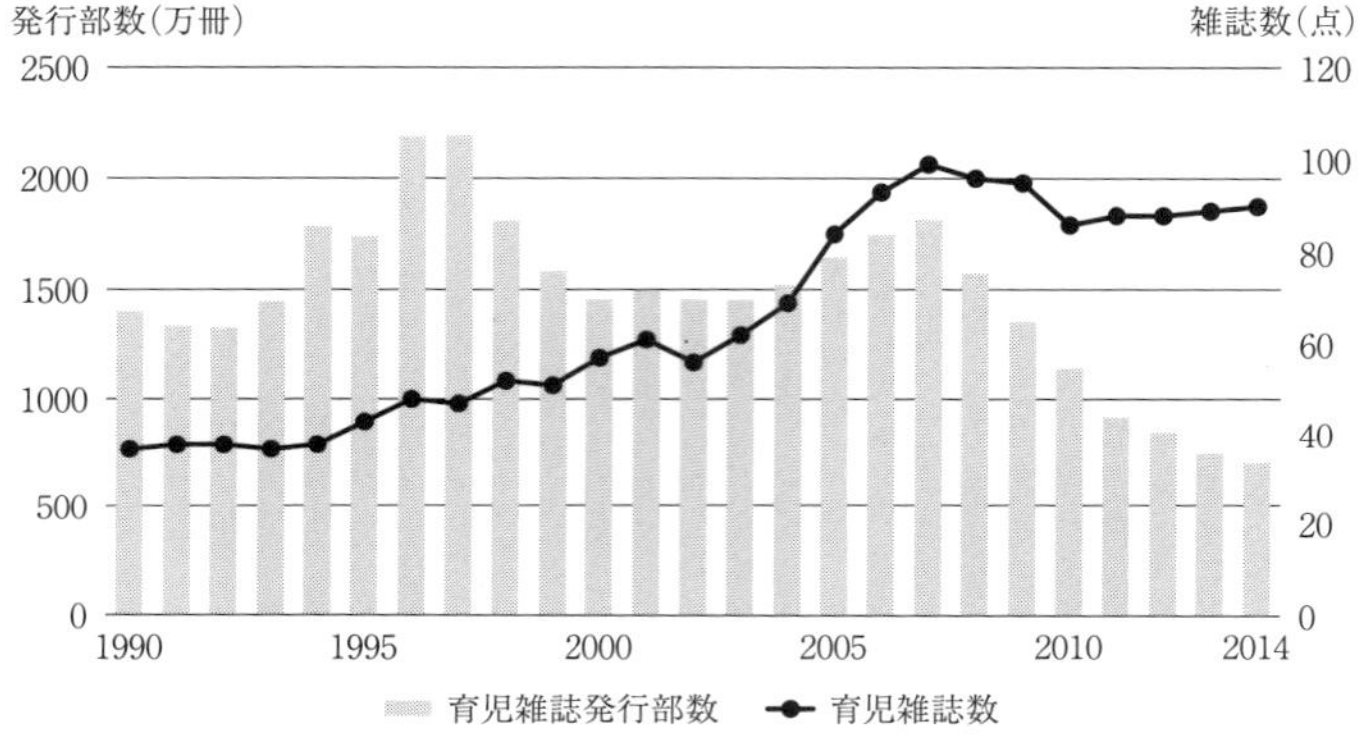

育児雑誌発行部数は，全国出版協会・出版科学研究所編・発行『出版指標年報』（1990〜2014 年度版）に基づく推定値
育児雑誌数は，メディア・リサーチ・センター編・発行『新聞雑誌総かたろぐ』（1990〜2014 年度版）に基づく

（『マタニティ』『P･and』『バルーン』など、第**6**章で詳述）。

八〇年代半ばは、日本女性のライフコースおよび女性を取り巻く社会状況にいくつかの転機が見出せる。ひとつは職業キャリア形成にかかわる、人生選択の意識化である。

一九八五年、男女雇用機会均等法が制定され、労働の場におけるジェンダー平等が社会的課題となるなかで、職業キャリアを視野に入れながら、結婚・妊娠・出産の時期を意識的に選択する動きが生まれていた。少子化傾向ともあいまって、女性のライフコースにおいて「妊娠・出産」が、数少ない「特別なライフイベント」へと変貌したのである。それはまた、「産む私」のヒロイン化（小林 1996）、「母になること」のイベント化の意識も生みだすものとなった。

晩婚・晩産化がいわれるなかで、八〇年代のマタニティ雑誌記事は、初めての妊娠・出産の不安解消、安全なお産のための情報誌という記事内容のほかに、「おしゃれな妊婦生活」のためのファッション情報の提示の役割も担った。妊娠期の身体を、文字通り「幸せの象徴」の体現として包む「プレママ」ファッションの強調には、「理想的主体」としての「産む私」の主役化を見ることができる。

4　水平的育児言説と共感型育児雑誌の興隆——一九九〇年代を中心に

水平的育児知識の伝達

育児知識の伝達様式を振り返れば、戦後の育児書ブーム期から、七〇年代の育児雑誌の登場期、八〇年代のマタニティ雑誌創刊期までは、垂直的育児知識の伝達が一般的であったといえる。すなわち医師や学者といった専門家が、権威的・学術的知識を平易な表現で母親たちに伝える、垂直的知識伝達の構造である。

垂直的育児知識の伝達から水平的育児知識の伝達への転換期は、九〇年代の「読者参加型」育児メディアの興隆において訪れた。それまでの育児雑誌でも平易な表現や読者参加型の誌面構成は用いられていたが、九〇年代に創刊された、出産・育児期の一貫雑誌『たまごクラブ』『ひよこクラブ』（福武書店→ベネッセコーポレーション、一九九三年創刊）の誌面はイラスト、写真中心のヴィジュアル化に加えて、読者モデル親子の多用に特徴づけられた。そこには専門家による啓蒙的「解説」よりも、隣のママの子育て、失敗談、育児のコツといった、身近な「共感」型の水平的知識の伝達の徹底が見られる。このような「共感型・読者参加型」育児メディアの興隆を支えたのは、都市部を中心に子育てに専念する母親読者であった。

九〇年代の『ひよこクラブ』の誌面では、「赤ちゃんは育児書通りに育ってくれなーい!（中略）そんなとき頼りになるのは同世代の同じママたちではありませんか?」（一九九三年創刊号）と母親の体験情報を募っている。水平的育児知識の伝達メディアとしての育児雑誌は、既存の「正統的育児法」との距離をとり、「母親目線」を徹底することで、「本音の育児」「楽しむ育児」を提示するメディアとなっていった（石黒 2004）。

もっとも、九〇年代後半以降の母親たちの育児現実は、葛藤とジレンマに満ちたものであった。たとえば都市部の育児専業の母親調査の研究が示唆するように、都市環境におけるジェンダー化された生活構造のなかで「少ない子どもをしっかり育てなければ」とのイデオロギーに駆り立てられ、「失敗できない育児の重圧」に悩み、母アイデンティティを拡張させていく母親たちの孤独な育児状況があったこともふまえておかねばならない（矢澤ほか 2003）。

「父親の育児参加」言説の強調

九〇年代型育児雑誌の特徴として、「父親の育児関与」「夫婦で育児」のメッセージが繰り返し発信されたことを挙げておこう。父親による育児関与への言及は七〇年代型育児雑誌にも見られ（「うちのパパの育児への協力度」『ベビーエイジ』一九七〇年七月号）、育児雑誌の創刊期から「友愛」家族のモダンな育児という言説の生成はあった。

それが九〇年代の共感型育児雑誌では、さらに積極的に育児にかかわる父親像が「平成育児パパ列伝」（『ひよこクラブ』一九九四年六月臨増号）「イケてる〇〇パパ」（同一九九八年六月号）など、とりわけ「父の日」特集が組まれる六月号の記事の定番として繰り返し登場した。九〇年代には少子化対策や子育て支援が政策課題となるなかで、メディア界でも稼ぎ手役割だけではなく、ケア役割も対等に分かち合う「新しい父親像」が注目されたことの表れとみることができる。

とはいえ、育児雑誌の主な読者層は母親であり、九〇年代型育児雑誌もまた、育児の責務を担うのは母親という前提を覆すまでには至らなかった。それが変化したのが二〇〇〇年代のビジネスマンの父親向けを意識した育児・教育情報誌の登場においてである。

5　二〇〇〇年代型育児メディアの多様化と格差社会

消費文化と子育て

二〇〇〇年代の育児メディアの変化として育児雑誌の多様化を挙げたが、その中身を吟味しておく必要があろう。第一の特徴は、読み手の多様化である。主な読み手として母親向けメディアが主流であった育児関連雑誌に、とくにビジネスマンの父親を意識した家族向けの育児・教育雑誌が登場したことである（『日経 Kids+』『プレジデント Family』）。

第二の特徴は、育児雑誌の前提となっていた、子どものための育児知識・情報の媒体、という枠の変化である。九〇年代までの育児雑誌が、子どもを「主体」として、子どもを育てるための育児情報、育児知識の伝達媒体の枠内にあったのに対して、二〇〇〇年代型育児メディアの方向性はそればかりでなく、母のファッションや家族のライフスタイルを重視した、子育てする「(母)親の主体化」へと変化したととらえることができよう。

たとえば『Baby-mo』(二〇〇二年創刊)は、『わたしの赤ちゃん』休刊後、同じ出版社(主婦の友社)から新たに出された育児雑誌であったが、「私らしい育児」を大事にするママのための育児誌をキャッチフレーズに、「赤ちゃんのいる生活を、もっと楽しく過ごすための雑誌です」と、「いつも読んできたファッション誌」の延長上に育児する母親読者を位置づけようとするものであった。

『Baby-mo』創刊まもない時期の編集方針からは、既存の育児雑誌の「子どもっぽさ」に対して、妊娠期、育児期も自分らしいおしゃれや生き方を大切にする「大人の女性」という読者層に受け入れられる育児雑誌が想定されていたことが読み取れる。

「ファッション化」する育児メディアの事例としては、すでに八〇年代のマタニティ雑誌にその萌芽が見られた。また九〇年に創刊された『Como』(主婦の友社)は、「いつまでも『キレイなママ』って言われたい」(二〇〇四年一〇月号)と銘打ち、「母親であり、女性としても輝く私」というライフスタイルを提示する。そこには「子どもがいてこそ輝く私」というメッセージを通した、消費文化のなかの「子育てのファッション化」が透けて見える。

他方、消費文化としての子育てに抗う方向性を打ち出す家族向け雑誌の存在もある。環境配慮型のライフスタイルを提示してきた『クーヨン』(一九九六年創刊)、健康や衣食住の見直しを提起しようとした『tocotoco』(二〇〇七年)、『Neem』(二〇一二年)など、子育て期の家族の生活スタイルを通して、自然保護や環境問題、スローフード、スローライフを考える契機を提示するメディアの登場である

（第2章で詳述）。また、父親向けの雑誌にも、後述する「教育する家族」に特化した早期教育を含む育児雑誌とは異なる、子どもと自然体で接する新しい父親像を提示した『FQ JAPAN』（英国発の父親向け雑誌）の登場もあった（第3章）。

このような育児雑誌の多元的方向を、二つの軸で整理したのが図1—3である。読み手のジェンダー類別の強弱（母親向けか、父親を含む家族向けか）を横軸に、子どもの枠づけ（統制）の強弱を縦軸に置くことで育児雑誌の四類型を提示できる。ジェンダー類別の強弱（±C）は読者として母親向けとされるのか、父親を含む家族向けとされるのか、の類別である。子どもの「枠づけ」の強弱（±F）は、育児メディアの伝達内容が子どもを中心に据えて養育、教育においてあるべき姿を重視する傾向が強いか、逆に親のライフスタイルを重視するかの枠づけである。

図1—3　2000年代型育児雑誌の類型

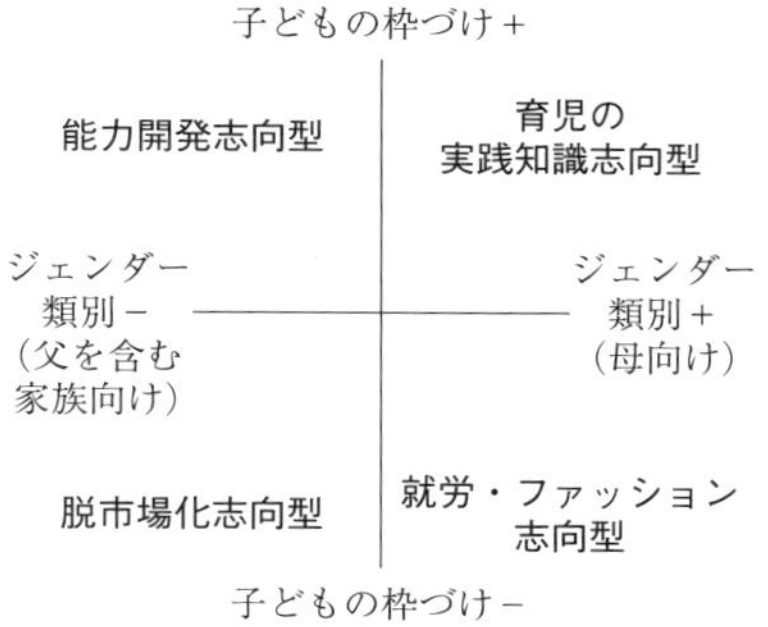

まず、主に母親を読者層とする点でジェンダー類別が強く（＋C）、具体的な子どもの養育、発達（子どもの養育、発達、しつけ方、健康、離乳食など）の知識伝達媒体の内容となっている点で子どもの「枠づけ」が強い（＋F）タイプを育児の実践知識志向型と呼んでおく。いわゆる幼児を持つ母親向けの定番の育児雑誌（『ひよこクラブ』『Baby-mo』など）がこれに当たる。

それに対して、二〇〇〇年代型の育児・教育情報誌（『日経Kids＋』『プレジデントFamily』『AERA with Kids』など）は、読者として父親を含む家族向けが想定されている点でジェンダー類別は弱い（－C）。子どもの「枠づけ」の志向性は明確で（＋F）、将来的学校知識を念頭に置いた教育投資型、あるいは能力開発型と括れるだろう。『edu』は、作り手側は母親を主な読者として想定しているが、内容としては学校知識を念頭に置いた能力開発志向型の一種といえる。

なお、ここでいうジェンダー類別の区分は、読み手として母親だけでなく父親も想定されているとの意味で弱い類別（－C）であるのだが、のちに続く育児雑誌の内容分析から明らかになるのは、「父親の育児関与」を意識した雑誌の記事内容におけるジェンダーの表明（たとえば「男の子の育て方」「父親ならではの役割」といった文言に現れるジェンダー化された言説）は、強いジェンダー類別となる場合があることだ（第**2**章、第**3**章で詳述）。

親のライフスタイル重視型の特徴を持つ雑誌の登場も二〇〇〇年代型育児関連メディアの特徴である。子育て期の母親向けの情報誌で、育児情報だけでなくファッション重視のもの（『nina's』）、子育てとキャリアとの両立を提示するもの（『bizmom』）があり、このタイプは母親向けである点でジェンダー類別は強い。また、子どもの養育情報の重視というよりは、親のワーク・ライフ・バランスやファッション中心の内容である点で子どもの「枠づけ」は弱い。この型を就労・ファッション志向型と呼んでおく。他方、子育て期の家族向け（ジェンダー類別は－C）にスローライフや自然環境に配慮したライフスタイルを提示する（子どもの「枠づけ」は－F）雑誌（『クーヨン』『Neem』『FQ JAPAN』など）を、脱市場化志向型と位置づけることができる。

このようにまとめてみると、九〇年代型育児雑誌として、当時は新規の共感型雑誌の代表格であった『ひよこクラブ』のオーソドックス化が見えてくる。また『Baby-mo』は、子育て期の母のファッション化の先駆け的な面もあるが、誌面の内容としては育児知識の伝達の要素が多いため育児の実践知識志向型のひとつに区分できる（内容分析の詳細は第**2**章）。

父親の「主体化」と見えない統制のパラドクス

本章では最後に、二〇〇〇年代の育児メディアの変化を特徴づける、父親を含む家族向けの育児・教育情報誌に言及し、「育児に参加する父親」の「主体化」と格差社会について考察したい。

父親向け育児・教育メディアの草分けといえるのが、二〇〇五年に創刊された『日経 Kids+』（日経ＢＰ社）と『プレジデント Family』（プレジデント社、二〇〇五年に季刊誌として創刊、二〇〇六年七月より月刊化）である。幼児から小学校低学年までの年齢層の子どもを持つ親向けの育児情報誌は、九〇年代までは目立つことはなかったが、この時期には『edu』（小学館、二〇〇六年創刊）、『AERA with Kids』（朝日新聞出版、二〇〇七年、季刊誌）など、家族向け育児・教育雑誌の創刊が相次いだ。

これらの育児・教育メディアが既存の育児情報誌と異なるのは、読者層として父親を明確に意識し、「子育てと教育に積極的に参加する父親」像を記事内容に多分に織り込んでいる点である。その背景には「父親の育児参加」を求める声への対応だけでなく、「家庭の教育力」や家族責任の強調の動向があるように思われる。

二〇〇〇年代型の育児戦略をもたらしたひとつの要因は、格差社会の言説の広がりにある。グローバル化の競争の激化を肌で感じるビジネスマンとその家族において、子どもの産育と戦略に敏感に反応した親たちのなかには、幼いうちから子どもの「成功」を願い、幼少期からの教育投資、子どもへの関心・配慮・励ましといった親から子への「感情資本」の投入を含む文化資本の導入戦略に駆られる層が登場したのである。

「お父さん、出番です」を謳い文句に出版された『日経 Kids+』のコンセプトは「子どもと一緒に OFF 生活を楽しむ」であり、「遊び」「学び」「健康」がキーワードになっている。『プレジデント Family』は、ビジネス誌『PRESIDENT』の読者層を意識して、ビジネスマンの父親がいる家庭を念頭に、子育てや教育の身近な話題を「父親目線」で取り上げるというものであった（天童・高橋 2011：69）。

父親向け育児・教育雑誌の記事分析からは、「見えない統制」のある特徴が浮かび上がってくる。両誌はどちらも見えない教育方法にもとづく内容構成で、子ども中心的・個人志向家族の文化伝達の情報誌ということができる。ただし、記事内容の分析に踏み込むと、両誌の特徴と違いがある。『日経 Kids+』の記事タイトルの頻出語は、「子ども、親子、伸びる、育てる、心、楽しむ」といったもので、「子どもの自主性の尊重」のもとに「楽しむ子育て」を伝えようとする姿勢が強い。一方、『プレジデント Family』は、子ども本位を標榜しているが、記事タイトルの頻出語は、「子ども、親、受験、父親、大学、学校、頭のいい子、学力」といったものである。そこには、潜在的・暗示的な「見えない統制様式」（隠れた＋F）が強く作用し、逆に親には明示的な統制様式として伝わるように思われる（天童・高橋 2011）。

現代の家族は、家族成員の地位的境界が不明瞭で、子ども中心主義的な個人志向家族であり、「子ども本位」の社会化が子育ての主流となっている。ただし、このような社会化は、一見子どもの自主性を尊重し、自由で許容的なようでありながら、子どもの「自己統制」を強くうながす側面を持つ。つまり弱い類別（－C)、弱い枠づけ（－F）に見えながら、潜在的・暗示的な「見えない統制」（隠れた＋F）に裏打ちされる育児戦略は、子どもの全人格を対象とする、より強力な統制（子どもの「枠づけ」）となる逆説をはらんでいる。

父親の育児参加言説と再生産戦略の個人化

「父親よ、もっと育児を」の声の高まりは、育児と教育に熱心な父親像を正当化し、これは旧来型の固定的性別役割分業の問い直しへと結びつく可能性がある。実際、子育てに積極的に参加し、ジェンダー平等な育児の担い手となる父親／男性への注目は増している。子育て期の男女への社会的支援の重要性や、育児の孤立化を乗り越える、複数の子育ての担い手を地域レベルで創出する手立ての具体的検討も必要であろう。子育て期という再生産の領域から、新たな子育て公共圏の議論が広まる期待は大きい。

他方、閉じた「再生産戦略の個人化」に向かいがちな育児戦略の動向も否定できない。二〇〇〇年代型育児メディアの言説に表れた「教育熱心な家族」の姿は、メリトクラシーのイデオロギーに代わって、ペアレントクラシーのイデオロギー（親の財・資本と選好・意欲が我が子の教育を左右する）（Brown 1990）にもとづいた「我が子中心」の子育てに集中する、強化された「教育する家族」の戦略と重なっていく（天童 2004b：135–137）。

そこにはあからさまな見える統制（＋C, ＋F）ではなく、家庭の育児役割と自己責任を過度に強調する新自由主義下の社会における「見えない統制」がある。すなわち現代の子育ては、個人と家族の「選択」と「責任」の文脈で、子育ての私事化を加速させる「再生産戦略の個人化」へと方向づけられているように思われる。

もっとも、すべての家族が格差社会を生き抜く戦略を企図し、それを可能にするような経済的・文化的資源を保持しているわけではない。つまり、二〇〇〇年代型育児メディアから浮上する戦略と言説は、特定の社会階層の家族に偏って配分され、受容され、獲得されている育児知識の伝達という、社会階層の新たな固定化と不平等の再生産の一面をあぶり出すのである。

今後、はたして「子育てする主体」として「呼びかけられた」父親の育児参加、ケア参加が、ジェンダー平等な公共圏に開かれた子育てに向かうのか、それとも「主体／従属 sujet」の二重性が意味するように（Althusser 1995）、育児のさらなる私事化、再生産の個人化戦略へと向かうのか、今まさに、育児戦略のゆくえが問い直されている。

（天童睦子）

〈付記〉
本章は、天童睦子「育児戦略と見えない統制——育児メディアの変遷から」（『家族社会学研究』第二五巻第一号、二一—二九頁、二〇一三年）をもとに、大幅に加筆改稿したものである。

第2章　変容する育児雑誌の現在
――「ジェンダー化」・「教育化」の視点から――

1　多様化する育児雑誌

従来、育児雑誌といえば、育児を専業とする母親を読者対象とするものが主流であったが、二〇〇〇年代以降、各育児雑誌において多様な子育てのスタイルが語られ、いわば「多様化」の様相を呈している（第1章）。このことは、母親向け育児雑誌によって構成される言説空間が、子育てをめぐるさまざまな意識・実践がせめぎ合うアリーナとなっていることを意味していよう。

批判的言説分析の視点に依拠するならば、言説は、単なる社会的実践の表象に留まるものではなく、「既存の権力と支配の社会関係を強化する」（Keller 2013: 27）装置としての位相を併せ持っている。とりわけ、市販の育児雑誌は、市場での支持（それは販売・発行部数の多寡として示される）の有無により、その刊行継続が左右されるため、その誌面は、読者のニーズやレリヴァンスに合わせた知識・情報によって構成されることになる。商業育児雑誌の誌面・内容のあり方と社会構造のあり方は密接に結びついている。

もっとも、育児雑誌の誌面・内容のあり方は、読者の置かれた社会的状況や社会構造によって規制されるだけではない。育児雑誌は同時に、その誌面・内容を読者に受容させていくなかで、「正当な」子育て意識・実践の境界を形成する。言説は、このような「弁証法的関係」(Keller 2013: 25)のなかで編成されるが、育児雑誌上の言説もまた例外ではない。問題は、今日の育児雑誌の言説空間において、どのような育児意識・実践が正当なものと位置づけられているのかということである。このような問題意識に基づき、本章では、育児雑誌上の言説の分析を通じて、子育て・家庭教育における「支配的な文化的カテゴリー dominant cultural categories」(Bernstein 1977＝1985: 189; 天童 2000:89)を析出し、それが社会学的にいかなる意味を持つのかを考察する。

分析の対象と方法

一九九〇年代初頭以降の『たまごクラブ』『ひよこクラブ』の商業的成功を受けて、その後、多くの出版社が育児雑誌市場に参入してきた。『雑誌新聞総かたろぐ』(メディア・リサーチ・センター編、二〇一四年度版)に基づき、母親向け育児雑誌を、各誌の基本コンセプトの観点から分類すると、①主に育児専業の母親向けの育児雑誌(『ひよこクラブ』『Baby-mo』)、②家族(とくに母親)向けの教育系育児雑誌(『edu』『AERA with Kids』)、③育児期の母親向けの生活情報・ファッション重視、仕事との両立を提示する雑誌(『bizmom』『kodomoe』『nina's』)、④子育て期家族のライフスタイルを提示し、自然、環境、食への配慮を盛り込んだ育児雑誌(『クーヨン』『tocotoco』『かぞくのじかん』)という、四つの類型を

表2—1　分析対象育児雑誌の書誌情報

誌名	出版社	創刊時期	発行部数	発行周期	誌面の特徴・読者層
ひよこクラブ	ベネッセコーポレーション	1993年10月	180884	月刊	赤ちゃんが生まれた日から読む育児情報誌，一貫した読者参加型の編集姿勢
クーヨン	クレヨンハウス	1996年4月	30000*	月刊	0～6歳の子育て家族，オーガニックなライフスタイルを志向する父母
Baby-mo	主婦の友社	2002年10月	59120	季刊	「赤ちゃんがいる生活」をもっと楽しむための育児総合誌，家族みんなが楽しめる構成
bizmom	ベネッセコーポレーション	2005年12月	100000*	季刊	仕事と育児の両立を目指す女性，働く母親の生活実感に即した役立つ情報を提供。正社員53%，産休・育児中18%，主婦10%，パート・アルバイト8%，契約社員5%，派遣社員3%，自営業3%
edu	小学館	2006年3月	25500	月刊	小学生の子どもを持つお母さんのための子育て応援情報誌，家庭で実践できる子育てを提案
AERA with Kids	朝日新聞出版	2007年3月	50000*	季刊	小学生の子どもを持つ父母に向けて，実用性のある親子の生活を提案する情報誌
かぞくのじかん	婦人之友社	2007年9月	65000*	季刊	若い子育て世代の父母に向けたファミリーマガジン。家庭生活と仕事の調和を提案
tocotoco	第一プログレス	2007年11月	60000*	季刊	自然体で自分らしく子育てをしたい，妊婦から2歳前後の子どもを持つ父母。主婦58%，共働き25%，育児休暇中14%，その他3%。年収500万円以下15.0%，501～700万円以下41.0%，701～1000万円以下31.0%，1000万円以上13.0%
nina's	祥伝社	2008年3月	100000*	隔月刊	子どものいる生活を楽しむママのためのファッション&ライフスタイル誌
kodomoe	白泉社	2011年11月	80000*	隔月刊	2～6歳の子どもを持つ好奇心旺盛な母親向けの親子時間を楽しむ子育て情報誌。大学院卒2.6%，短大・大学卒64.9%，高校・専門学校卒17.8%，小・中学校卒0.4%。一戸建て（持ち家）43.2%，マンション（賃貸）30.4%，マンション（持ち家）14.3%

『雑誌新聞総かたろぐ』2014年版，『月刊メディアデータ』（2014年6月号）および各出版社HPを参照し作成。読者層データは公開されているもののみ記載

*は，公称発行部数

提示できる（二〇一四年時点）。これらの類型は厳密な区分というより、大きく雑誌の特徴を把握するための便宜的位置を示すものである。

本章では、主に幼児期から学齢期の子どもを持つ母親を対象とした育児雑誌に注目し、『ひよこクラブ』『Baby-mo』『edu』『AERA with Kids』『bizmom』『kodomoe』『nina's』『クーヨン』『tocotoco』『かぞくのじかん』の一〇誌を分析対象とする。表2―1は、本章で分析対象とする育児雑誌の書誌情報をまとめたものである。

二〇〇〇年代以降、さまざまなコンセプトを持った母親向けの育児雑誌の創刊が目立っている。以下では、第**1**章でみた育児雑誌の四つの類型を下敷きに、各誌の誌面分析を進めていく。そのさい、類型ごとで刊行期間が最も長い育児雑誌一誌を取り上げ、ページ比率の分析を中心に、内容分析を行う。なお、内容分析においては、育児雑誌は季刊誌として創刊されるものもあり、三・六・九・一二月に発行されるケースが多くみられるため、内容別ページ比率を算出するにあたって月刊誌と季刊誌では大きな差が出ることから、季刊誌の刊行サイクルを基準に分析することが妥当と判断し、各年の三・六・九・一二月号を取り上げる。ページ比率の分析を行わない雑誌については主要な記事を取り上げ、各誌の基本的な特徴を把握することとした。

2　育児雑誌の四類型

一九九〇年代以降、市場に流通している主な育児雑誌は、①育児の実践知識志向型②子どもの能力開発志向型③就労・ファッション志向型④脱市場化志向型の四つのカテゴリーに分類することができる（第**1**章）。以下では、それぞれのカテゴリーごとに誌面の特徴をみていこう。

育児の実践知識志向型――『ひよこクラブ』『Baby-mo』

(1)　『ひよこクラブ』

『ひよこクラブ』は、「ママたちの気がかりや疑問を解消し、赤ちゃんの健やかな成長と育児の楽しさをサポート」することを基本コンセプトとし、「読者参加型」（メディア・リサーチ・センター編、二〇一四年度版）を特徴とする。表2―2は、創刊の一九九三年から二〇一四年一二月までの期間における記事内容別ページ比率を年代区分別に示したものである。

最もページ比率が高いのは「広告・記事広告」である（五〇・一％）。なお、本書で「記事広告」とは、広告される内容が通常の記事と似た体裁で提示されるものをいう。広告・記事広告以外の記事でページ比率が最も高いのは、「読者参加・投稿」である。読者参加型という同誌の基本コンセプトは創刊時より一貫しているが、二〇〇五年以降はページ比率が減少してきている。次いでページ比率が高いのは、「ひよこの発達実感リサーチ報告」（二〇〇〇年三月号）、「0ヵ月～1才6ヵ月の毎日の様子をのぞいてみませんか？　赤ちゃん18人のすくすく成長日記」（二〇〇九年一二月号）、「できる・できない＆遅め・早めの気がかりQ＆A 137」（二〇一三年三月号）といった「成長・発達」（八・三％）に関する記事である。このカテゴリーの記事は、創刊時より一貫してページ比率が上昇している。

「成長・発達」に次いでページ比率が高いのが、「早く病院へ！とあわてる前に　ママがすべきこと

表２―２ 『ひよこクラブ』記事内容別・年代区分別ページ比率

記事内容／年代区分	母親の身体（妊娠・出産）	育て方・しつけ・ケア	成長・発達	健康・医療ケア・安全	母親の生活・悩み（母親就業・祖父母や近隣人間関係）	離乳食・食事	子どもファッション・育児グッズ	父親の子育て・育児参加	読者参加・投稿	家計・教育費・財テク	生活・住まい	広告・記事広告	その他（目次関連・次号予告・レジャーなど）	年代区分別計
1993－1994 年	8 0.4	122 7.6	112 7.0	204 12.7	2 0.2	75 4.6	107 6.8	40 2.5	146 9.1	22 1.3	34 2.1	606 37.8	125 7.9	1603 頁 100.0%
1995－1999 年	42 0.7	225 3.6	455 7.1	411 6.5	80 1.3	129 2.1	308 4.8	89 1.4	625 9.8	57 0.8	111 1.7	3322 52.2	498 8.0	6352 頁 100.0%
2000－2004 年	17 0.3	304 4.5	514 8.1	411 6.1	63 0.8	220 3.3	327 4.9	41 0.6	847 12.6	30 0.4	70 0.9	3435 51.1	439 6.4	6718 頁 100.0%
2005－2009 年	18 0.2	473 7.3	538 8.4	437 6.9	37 0.6	212 3.3	232 3.6	116 1.8	350 5.5	22 0.4	19 0.3	3459 54.4	435 7.3	6348 頁 100.0%
2010－2014 年	49 0.9	474 8.7	574 10.6	327 6.0	44 0.8	292 5.4	242 4.8	64 1.1	304 5.6	36 0.7	34 0.6	2420 44.8	546 10.0	5406 頁 100.0%
カテゴリー別計	134 0.5	1598 6.1	2193 8.3	1790 6.8	196 0.7	928 3.5	1216 4.6	350 1.3	2272 8.6	167 0.6	268 1.0	13242 50.1	2073 7.9	26427 頁 100.0%

1993～2014 年／各年の 3・6・9・12 月号より作成　上段ページ数，下段％（以下同じ）
「その他」には，ページ数が僅少であった「母親ファッション・メイク」「著名人インタビュー」などを含む

できること」（二〇〇〇年四月号）、「ママがよくわかる　赤ちゃんの病気ガイド」（二〇〇八年一二月号）、「春〜夏にかかりやすい感染症と症状別ホームケア」（二〇一〇年六月号）といった、「健康・医療ケア・安全」（六・八％）に関する記事である。これに次いでページ比率が高いのが、「育て方・しつけ・ケア」（六・一％）に関する記事である。年代別推移をみると、二〇〇五年以降、ページ比率が上昇してきている。実際の記事を取り上げてみよう。言語聴覚士および大学教員（認知心理学が専門）の監修による「0ヵ月〜1才6ヵ月まで　赤ちゃんの脳とことば」（二〇一〇年三月号、六四―七三頁）では、「ことばを話すことは脳の発達と大きなつながり」があるとされ、「日々の触れ合いのすべてが赤ちゃんのことばを育てる栄養」になると説く。「朝活ベビーは一生トクする――生活リズム・生活習慣整え方BOOK」（二〇一二年九月号）では、大学教員が「遅起き・遅寝だと、心・体・脳が育ちません。とくに自己肯定感が育ちにくく、『自分はダメなんだ』と思ってしまうことも。0・1才代は心・体・脳の土台をつくる大切な時期です」と述べ、乳幼児が規則正しく生活することの教育的意義を強調する。

このように同誌は、読者参加を重視しつつ、子どもの成長・発達、健康、育て方といった子育ての主要テーマについての情報提供を主たる機能としている。その他、比較的ページ比率の高い記事を順にあげると、「子どもファッション・育児グッズ」（四・六％）、「離乳食・食事」（三・五％）となっている。「父親の子育て・育児参加」に関する記事のページ比率は、創刊から二〇一四年にかけて一・三％と低い割合に留まっている。

（2）『Baby-mo』

『Baby-mo』は、「子育てハウツーはもちろん、ママとベビーのファッションやインテリア、パパの育児力アップ応援など、家族みんなが楽しめる構成」（メディア・リサーチ・センター編、二〇一四年度版）を基本コンセプトとしている。

「総力特集　悩んでいるのは一人じゃない！　育児、みんなでがんばろう！　300人のママの悩みに300人のママが答えます」（二〇一一年一〇月号）、「Baby-moママ記者100人隊結成記念企画　ママの〝平均〟を大調査」（二〇一二年六月号）、「育児の同士！　いい〝ママ友〟のつくり方」（二〇一四年夏秋号）といった記事にあるように、九〇年代型育児雑誌の商業的成功を導いた、母親同士の横のつながりを創出する「共感型育児雑誌」の誌面構成が採られている点が同誌の特徴である。記事のジャンルは、「家族の思い出いっぱいつくりたいから　夏を〝余裕で乗り切る〟コツ教えます！」（二〇一四年夏秋号）といった旅行・レジャーに関するものから、「ワーキングママ　怒涛の復帰後1ヵ月ルポ」（二〇一二年七月号）といった母親就業に関するものまで多岐に渡っている。

また、同誌においては、「ガマンとコミュニケーション能力は3才までに身につく！　赤ちゃんの脳を鍛える生活習慣」（二〇一一年二月号）といった「子どもの脳を育てる」ことに着目した記事がしばしば掲載されている。こうした記事の主旨は、「語りかけで赤ちゃんとの毎日が盛り上がる」（「ママの語りかけが赤ちゃんの脳を刺激　実況中継育児のススメ！」二〇一一年一月号、一〇〇―一〇五頁）にもみられるように、親子のコミュニケーションを深めていくことで、子育てを楽しいものへと変えていくという点にある。その一方で、母親による子どもへの語りかけの教育的意義が再認識され、「わが子の将来に、なんらかのよい影響があるかもしれない、と信じて」語りかけることが重要だとされる。

子どもの能力開発志向型――『edu』『AERA with Kids』

(1)『edu』

『edu』は、「小学生の子供を持つお母さん」を対象とした、「学力、体力、生命力の低下、心の問題から食育、育脳、ネット社会といった新しいテーマまで、今本当に必要な教育を解説」する育児雑誌である（メディア・リサーチ・センター編、二〇一四年度版）。表２―３は、同誌の創刊年（二〇〇六年）から二〇一四年までの期間における記事内容別・年代区分別のページ比率を示したものである。

同誌においては、「すこやかな『からだ』　くじけない『こころ』」（二〇〇六年六月号）、「子どもの『話す力』と『聞く力』を伸ばす鍵は親子の対話です」（二〇〇七年一月号）、「今年こそ小言ママは卒業『叱らないママ』になる魔法」（二〇〇八年一月号）、「子どもを伸ばすのは『求めない子育て』」（二〇〇九年四月号）、「子育てに手を焼いたときの処方箋」（二〇一〇年六月号）など、「育て方・しつけ・ケア」に関する記事のページ比率が最も高い（二一・一％）。「メシが食える大人に育てる叱り方」（二〇一四年六月号、三八―四五頁）では、学習塾経営者が「子どもが育つ環境に父性が足りなくな」り、「社会全体で叱ることが忘れられてきた今、あえて声をあげたかった」として、叱ることの効用を説く。子どもが社会で自立するには、「叱られ体験」が大切で、その体験が打たれ強い子どもを作るという。

次いでページ比率が高いのは、「家庭で学力が伸びる絵本」（二〇〇七年二月号）、「学力格差を家庭で解消する　自学自習のルール」（二〇〇八年二月号）、「ノートの書き方ひとつで理解度が格段にアップ

表2—3『edu』記事内容別・年代区分別ページ比率

年代区分＼記事内容	育て方・しつけ・ケア	学習・勉強・受験	健康・医療ケア・安全	母親就業	食事・料理	育児グッズ・絵本紹介	読者参加・投稿	広告・記事広告	読み物	著名人インタビュー	目次関連・次号予告・お知らせ	年代区分別計
2006—2009年	401 15.5	541 20.9	65 2.5	27 1.0	417 16.1	90 3.5	32 1.2	477 18.4	421 16.2	22 0.9	99 3.8	2592頁 100.0%
2010—2014年	663 27.1	475 19.5	89 3.6	12 0.5	148 6.1	126 5.2	74 3.0	347 14.2	301 12.3	82 3.4	123 5.1	2440頁 100.0%
カテゴリー別計	1064 21.1	1016 20.2	154 3.1	39 0.8	565 11.2	216 4.3	106 2.1	824 16.4	722 14.4	104 2.1	222 4.3	5032頁 100.0%

2006～2014年／各年の3・6・9・12月号より作成

します！　東大生の小中学生時代のノート121冊」（二〇一〇年一〇月号）など、「学習・勉強・受験」に関する記事である（二〇・二%）。実際に「小学生の教育に関わっている人たちの成果」（メディア・リサーチ・センター編、二〇一三年度版）を活かすという点が同誌の特徴のひとつである。たとえば、「eduママのための手取り足取り」（二〇一二年一二月号、五九—六二頁）では、子どもが勉強に集中するためには「安心とリラックス」が必要であるとされ、第一に「今、自分がいる場所が居心地がよいと思えること」、第二に「問題を間違えても怒らずに、できるまでつきあってくれる親がいるという〝安心〟」が重要であるとされる。

「学力アップ！　6つの育脳メソッド　脳にいい学習法　悪い学習法」（二〇一一年三月号）など、脳科学の知見を援用した育て方がしばしば提案されることも同誌の特徴である。「ママの気持ちがすぐ

に伝わる　子どもが伸びる『魔法の言葉かけ』」（二〇一四年九月号、六—三五頁）では、脳神経外科医が「頭のいい子、才能を発揮できる子を育てるには、まず耳を鍛える必要がある」とし、「人間の脳は、相手がいることによって機能」するため、「お母さんが『子どもと一緒に育つ』という気持ちをもつこと」が重要だと説く。これら「育て方・しつけ・ケア」「学習・勉強・受験」の記事で全体の約四割を占めている。

次いでページ比率が高いのが「読み物」（一四・四％）である。なお、本書で読み物とは、作家や子育ての専門家、著名人の手による随筆・散文で構成される記事をいう。「食事・料理」に関する記事のページ比率も比較的高めである（一一・二％）。その他の記事のページ比率は低く、「育児グッズ・絵本紹介」（四・三％）、「健康・医療ケア・安全」（三・一％）、「読者参加・投稿」（二・一％）、「著名人インタビュー」（二・一％）となっている。女性の社会進出は主要なテーマとはなっておらず、「母親就業」に関する記事は〇・八％とわずかである。記事以外では、「広告・記事広告」のページ比率が一六・四％となっている。

(2)　『AERA with Kids』

『AERA with Kids』は、「小学生の子供を持つ父親と母親に向けて、実用性のある親子の生活を提案する情報誌」であり、「学力・生活習慣の情報に加え、子供の本音など、親子のコミュニケーションに役立つ情報を提供」する（メディア・リサーチ・センター編、二〇一三年度版）。同誌は、「父母」を対象としてはいるが、後に改めてみるように、実際の誌面は主として母親を読者に想定して構成されていることから、母親向けの子どもの能力開発型育児雑誌として分類するのが妥当である。表紙においいて「のびのび賢い子を育てる」と謳う同誌が基調とするのは、親に言われてではなく、「自分から勉強する子になる」（二〇一四年秋号）よう子どもを導くことである。同誌では、ほぼ毎号、子どもの学力を向上させ、「よい大学」に進学させることを主眼に置いた記事がみられる。

「現役東大生40人に学ぶ　公立コースで東大に合格させる学習習慣と生活習慣の作り方」（二〇一一年夏号、七四頁）では、大学入学までの学校段階が全て公立であった東京大学の学生の生育歴が紹介され、「親と関わる日常生活のなかに〝自主的な学習習慣〟作りにつながる取り組みがある」との指摘がなされ、何気ない日常生活を教育的な配慮で満たすことが推奨される。「『勉強する子』が『しない子』になる！　親の不注意なコトバ」（二〇〇九年春号）と題する記事にもあるように、日常生活における教育的な配慮は、子どもに対する親からの声かけという場面においても求められる。

また、「中学受験直前！　親の『かまえ方』が子どもの実力を発揮させる」（二〇一二年冬号）にあるように、同誌において子育て・教育における親の責任は自明視され、「伸びるかどうかは親の働きかけ次第」（「新4年生までに育てたいこと身につけたいこと」二〇一二年冬号、一一五頁）であるとされる。また、「『ピアノ脳』で頭がよくなる？」（二〇〇七年夏号）、「子どもの脳は突然変わる　後のびスイッチ」（二〇〇七年秋号）など、『edu』と同様に、子どもの「脳の育ち」に着目した記事がみられる。

就労・ファッション志向型――『bizmom』『kodomoe』『nina's』

(1)　『bizmom』

『bizmom』は、「仕事と育児の両立を目指す女性に向けた」育児雑誌であり、「働くママの生活実

表２―４　『bizmom』記事内容別・年代区分別ページ比率

記事内容／年代区分	妊娠・出産	育て方・しつけ・ケア	学習・勉強・受験	健康・医療ケア・安全	母親就業，ワーク・ライフ・バランス	働く母親紹介・母親就業支援企業の紹介	父親の子育て・育児参加	食事・料理	家計・教育費・資産運用	育児グッズ・絵本・書籍紹介	遊び・レジャー	読者参加・投稿	著名人インタビュー	読み物	広告・記事広告	その他（目次関連・次号予告）	年代区分別計
2006－2009年	28 2.0	243 16.3	39 2.6	58 3.9	231 15.5	70 4.7	44 2.9	110 7.4	118 7.9	69 4.6	53 3.6	29 2.0	63 4.2	86 5.9	183 12.2	64 4.3	1488頁 100.0%
2010－2014年	36 2.0	266 14.7	40 2.3	81 4.5	368 20.3	57 3.1	59 3.3	169 9.3	240 13.2	38 2.1	13 0.7	5 0.3	91 5.0	61 3.4	198 10.9	90 4.9	1812頁 100.0%
カテゴリー別計	64 1.9	509 15.4	79 2.4	139 4.2	599 18.2	127 3.8	103 3.1	279 8.5	358 10.8	107 3.2	66 2.0	34 1.0	154 4.7	147 4.5	381 11.5	154 4.8	3300頁 100.0%

2006～2014年／各号より作成

感に即した役立つ情報を提供」している（メディア・リサーチ・センター編、二〇一四年度版）。表２―４は、創刊年（二〇〇六年）から二〇一四年までの期間における同誌の記事内容別ページ比率を示したものである。

『bizmom』でページ比率が最も高いのは、「母親就業、ワーク・ライフ・バランス」に関する記事である（一八・二%）。このカテゴリーの記事は、二〇一〇年以降、ページ数が大きく増えている。実際の記事をみてみよう。「共働きのしあわせバランス」（二〇〇七年春号、一三頁）では、ワーク・ライフ・バランスを図る読者の実例をふまえ、「子育て・仕事・時間・お金・夫・地域・職場、それぞれのバランス、ひいては人生のバランスをどうとれば」よいのかが模索される。また、「『なりたい自分』になるための時間の管理法と手帳の活用法」(二〇〇七年秋冬号、七四―七五頁)では、「『なんだかいつも忙しい』からの脱出」を目指し、「仕事も家事も子育ても、手帳一冊を活用して、すっきりマネジメントする」ことが提案される。

次いでページ比率が高いのは、「育て方・しつけ・ケア」に関する記事である(一五・四%)。「保育園時代から知っておこう! 働く母を待ち受ける『小学校の壁』7」(二〇〇六年春夏号、一〇八―一〇九頁)は、「生活の場」である保育所と、「教育機関」である小学校のギャップを認識し、「入学前後に発生しやすい難問の『壁』を、先輩 biz-mom の知恵を借り」ていかに乗り越えていくかをテーマとしている。また、「『いつだって一緒』じゃないから気にかかる(中略)子どもにとって共働きのいいところ 悪いところ」(二〇〇六年秋冬号、二八頁)では、「仕事に子育てに頑張る毎日は、子どもにも自分にもきっと一番いい明日」をもたらすとして、子育てにおいて共働きはマイナスにならないとの主張がなされる。

「育て方・しつけ・ケア」に次いでページ比率が高いのは、「家計・教育費・資産運用」に関する記事であり(一〇・八%)、二〇一〇年以降、ページ数の増加が目立っている。「教育資金プランを中・長期で考える! 子どもにかけるお金 今から増やすお金」(二〇〇六年秋冬号、八八頁)では、「子どもが大学を卒業するまでの養育費はいくらかかるか意識」した教育資金の「計画的な準備」が提案され、ファイナンシャル・プランナーが貯蓄・資産運用に関する疑問に答えている。

ページ比率は二・四%と低いが、家族の教育戦略に資する「学習・勉強・受験」に関する記事もみられる。たとえば、「子どもの受験や課題、どうサポートした?」(二〇一一年冬号、四四―四八頁)では、

「忙しくても子どもに勉強や生活習慣を身につけさせたいなら、子どもの行動をほめて伸ばすのが一番」という教育評論家のアドバイスが与えられ、共働きで小学校・中学校受験を乗り越えた母親のノウハウが紹介される。

その他のページ比率が低めの記事を順にあげると、「食事・料理」（八・五％）、「著名人インタビュー」（四・七％）、「読み物」（四・五％）、「健康・医療ケア・安全」（四・二％）、「育児グッズ・絵本・書籍紹介」（三・二％）、「父親の子育て・育児参加」（三・一％）、「遊び・レジャー」（二・〇％）、「妊娠・出産」（一・九％）、「読者参加・投稿」（一・〇％）となっている。記事以外では、「広告・記事広告」が一一・五％となっており、最もそのページ比率が高い『ひよこクラブ』の四分の一程度である。

(2)　『kodomoe』

『kodomoe』は、二〇一一年に創刊された、「『子どもにいいもの、私にいいもの』をコンセプトとする親子時間を楽しむ子育て情報誌」（メディア・リサーチ・センター編、二〇一四年度版）である。「親子でしあわせ、かんたんレシピ」（二〇一二年五月号）、「ぜったい楽しい親子スポット全国100」（二〇一二年八月号）や「親子で沖縄ゆるり旅」（二〇一四年四月号）といった記事が示唆するように、母親と子どもが一緒に楽しむことが、同誌の基調となるメッセージである。

同誌では、次にみる『nina's』と同様に、子どものいるファッションモデルを表紙に起用している（二〇一三年一二月号以降）。子どものいる芸能人や女優による連載記事（「たのしむママライフ」二〇一二年）もあり、子育ての喜びや楽しさが有名人によって語られることで、「子育て＝楽しいもの」という定式化が行われている。さらには、「プチプラ雑貨で、かわいい暮らし宣言！」（二〇一四年六月号）や

「おしゃれ親子の気分はアウトドア！」（二〇一四年八月号）といった記事に象徴されるように、「可愛く」「おしゃれ」な子育て生活が、同誌では強調されている。

また、「子育てがもっと楽しくなる　子どもに贈る絵本100」（二〇一二年一二月号）や「子どもに読み継ぎたい　一生の宝物になる名作絵本50」（二〇一四年八月号）といった記事が示唆するように、同誌は、絵本を活用して子どもを育てることを重視している。

同誌は商品経済との結びつきが強く、たとえば、「木のおもちゃ、ファッション、食卓アイテム、ミッフィーグッズ（中略）この冬、子どもたちに絵本と一緒に贈りたい『いいもの』を（中略）セレクトしました」とする「冬のこどもGIFT SHOP」（二〇一二年一二月号）といった記事にあるように、子育てグッズの広告・記事広告が多くみられる。「イクメンの育て方」（二〇一四年一二月号）といった父親の育児参加に関する記事も掲載されているが、全体としてこのカテゴリーの記事はわずかである。

(3)『nina's』

『nina's』は、「キレイなママは夜美活」（二〇一二年一月号）、「ファッションも、おうちのことも！おしゃれママの時短24H」（二〇一三年九月号）といった記事に象徴されるように、「20～30代の若いママを対象としたファッション&ライフスタイル誌」であり、「結婚しても、母になっても、自分スタイルを楽しみたい」母親に、「私らしく、親子ライフ」を提案する。各号の表紙は、モデルやタレントとして活躍している女性と子どもであり、「有名人」（Marshall 1997＝2002）が前面に出て理想的な子育ての指針や子育てのあり方について語るというスタイルが採られている点に特徴がある。

もっとも、有名人だけでなく専門家の意見も掲載され、科学的知見に基づく「正しい」子育ての指針が示されている。たとえば、「育児のお悩み解決！　BOOK」（二〇一〇年一月号）と題する記事では、読者から寄せられた育児をめぐる疑問に対して、有名人二名（ファッションモデルと芸能人）と専門家三名（心理カウンセラー・児童思春期精神医療を専門とする医師・保育士）が回答するという体裁になっている。同様に、読者参加型の記事「家族何人？　教えて　家族計画」（二〇一二年一一月号）では、母親読者の疑問や不安に専門家二名が回答する体裁になっている。

同誌では全般的に、『ひよこクラブ』にひんぱんにみられるような、子育ての困難や不安を訴える読者の声はあまりみられず、「ママのアウター人気ランキング」（二〇一二年一一月号）、「大好きSHOPこれ売れてます！」（二〇一三年一月号）、「コスパブランド秋の本命服」（二〇一三年九月号）といった記事が示すように、「消費活動を通じてお洒落に子育てを楽しむ」ことが強調される誌面となっている。

脱市場化志向型──『クーヨン』『tocotoco』『かぞくのじかん』

(1)　『クーヨン』

『クーヨン』は、「食事のこと、子どものからだ、叱り方などの実用的な」記事を多く掲載する、「0～6歳の子育て家族のための育児雑誌」である（メディア・リサーチ・センター編、二〇一四年度版）。表2─5は、創刊年（一九九六年）～二〇一四年の期間における同誌の記事内容別ページ比率を示したものである。

同誌は、「読み物」が占める比率が最も高い（二五・七％）。このカテゴリーの記事としては、「四万十川源流に〈核のゴミ〉が?!」（二〇〇六年一二月号）、「原発・食の安全　小さな声を積み上げて」（二

表2－5『クーヨン』記事内容別・年代区分別ページ比率

記事内容／年代区分	育て方・しつけ・ケア	健康・医療ケア・安全	食事・料理	絵本紹介・育児グッズ・玩具	父親の子育て・育児参加	遊び・レジャー	読者参加・投稿	広告・記事広告	読み物	著名人インタビュー	目次関連・次号予告・お知らせ	年代区分別計
1996－1999年	247 11.9	37 1.8	33 1.6	200 9.6	16 0.7	632 30.4	99 4.8	194 9.3	451 21.6	87 4.2	86 4.1	2082頁 100.0%
2000－2004年	133 5.7	7 0.2	73 3.1	234 9.9	52 2.2	585 24.9	94 3.9	107 4.6	876 39.5	103 4.4	87 3.8	2351頁 100.0%
2005－2009年	302 14.8	121 5.9	101 4.9	254 12.4	45 2.2	275 13.5	82 4.0	176 8.6	524 25.7	50 2.4	112 5.6	2042頁 100.0%
2010－2014年	357 16.6	158 7.4	254 11.8	363 16.9	36 1.7	138 6.4	62 2.9	196 9.1	367 17.1	104 4.8	113 5.3	2148頁 100.0%
カテゴリー別計	1039 12.0	323 3.7	461 5.3	1051 12.2	149 1.8	1630 18.9	337 4.0	673 7.8	2218 25.7	344 3.9	398 4.7	8623頁 100.0%

1996～2014年／各年の3・6・9・12月号より作成

○○九年三月号）などの原子力エネルギーの是非を問うものや、現代の経済活動のあり方を問い直す「女性もハッピーになる新しい経済をつくろう!」（二〇〇九年六月号）、持続可能な社会づくりを目指す「いま、この時代を生きる『大人の責任』って何でしょう?」（二〇一三年三月号）などがある。その多くが、読者に対して生活スタイルの問い直しを促したり、社会問題への関心を高めたりするような記事内容となっている。「読み物」は近年ページ比率が減少傾向にある。

　次いでページ比率が高いのは、「遊び・レジャー」（一八・九％）に関する記事である。同誌においても、遊びを通じた子どもの「脳の育ち」に着目した記事がしばしばみられる。たとえば、「あそびはいわば人生のシミュレーション。自発的に行うたのしい遊びは、脳の活性化を促すいちばんの要素」と研究者が説く「たのしい！が脳を育てる」（二〇〇九年六月号、一二―一三頁）。もっとも、「人間がたのしいと感じると脳は活性化」するが、「だからといって、早期に文字や数学を勉強させればよいかというと、それには科学的根拠はまったくありません」と述べられ、「詰め込まないでゆったり育てる」ことがよいとされる。脳を育てることが学校での子どもの成功につながるといった議論がなされない点は、『edu』や『AERA with Kids』と対照的である。

次いでページ比率が高いのは、「絵本紹介・育児グッズ・玩具」（一一・二％）に関する記事である。同誌の社会的課題に敏感な視点は、絵本紹介の記事においてもみられる。たとえば、「だっこして絵本よんで　大切なことが伝わる絵本」（二〇〇六年九月号、二三―二六頁）では、「平和のこと、バリアフリーやジェンダーフリー。子どもたちに伝えたいこと、いろいろあります。とはいえ、あらたまって話すのも〔中略〕と思うとき、絵本なら、さりげなく、でもしっかりとこころの奥に届きます」との記述がある。

次いでページ比率が高いのが、「育て方・しつけ・ケア」（一一・〇％）に関する記事であり、近年ではページ比率が上昇傾向にある。「シュタイナーに学ぶ育児のヒント」（二〇〇八年四月号）、「シュタイナー教育をヒントに子育て Well Ballanced」（二〇一二年一二月号）、「モンテッソーリ教育の先生におそわりました！　ひとりでできる子に育つ見せ方って?」（二〇一三年三月号）といった記事にあるように、同誌は、進歩主義・子ども中心主義の教育を称揚している。しつけに関する記事「子どもを認めてしかる・ほめる」（二〇〇八年九月号、八―九頁）では、「青空自主保育なかよし会」による、子どもが大人の価値観にしばられることのないよう、あえて「しからない、ほめない」という「見守る保育」が紹介されている。

その他のページ比率の低い記事は、「食事・料理」（五・三％）、「読者参加・投稿」（四・〇％）、「著名人インタビュー」（三・九％）、「健康・医療ケア・安全」（三・七％）である。「広告・記事広告」のページ比率は七・八％と低く、消費社会から距離を取ろうとする同誌のスタンスを窺い知ることができる。

(2)　『tocotoco』

『tocotoco』は、「妊婦のココロとカラダのケアをはじめ、生まれてくる子どもの健やかな精神と身体をはぐくむための情報を紹介」し、「自然体で自分らしく子育てをしたいと考える現代のパパ・ママを応援する」ライフスタイル誌（メディア・リサーチ・センター編、二〇一四年度版）である。同誌は表紙において「子どもと一緒に成長したいママとパパへ」と謳っており、子どもの成長のみならず、親の成長にも高い価値を置いている。親は、「あそぶこと」「たべること」「カルチャー」など、「好きなことを子どもと一緒に楽し」むなかで成長していく存在として位置づけられている（二〇一一年夏号、一二―一三頁）。「子どもがいると毎日がもっと楽しくなる」（二〇〇八年春号）とあるように、子どもと一緒の暮らしを楽しむことが同誌の基調である。

同誌では、「ナチュラルマザー」（二〇〇八年冬号）という造語がしばしば登場する。有機栽培綿を使用した衣類を紹介する「知りたい！　オーガニックコットン」や、「出産してからやりたいことを見つけて、無理せず、自分らしい働き方をみつけたお母さんたち」を紹介する「お母さんのスロウワーク」（二〇一一年春号）といった記事にみられるように、自分らしさを大切にしながら、ゆったりと自然派の子育てをしたい母親にアピールする誌面構成となっている。

食べるもの／食べることをめぐっても、自然派の立場が貫かれ、たとえば、「親子で食べたい『古来種』の野菜」（二〇一四年冬号、二四―二五頁）では、「昔からその土地に根差した野菜」で、「自然のサイクルで種がずっと続いている」野菜のよさが紹介される（同様の記事として、「マザーとベビーのごはんと暮らし」二〇一一年春号・「マザーとベビーのごはんとおやつ」二〇一二年秋号など）。

しつけや教育に関する記事はほとんどみられず、「子どもと読みたい、読んであげたい tocotoco 絵本案内」（二〇〇九年冬号）といった記事においても、学力向上のために絵本を読み聞かせるといった論調はみられない。もっとも、『edu』『AERA with Kids』にしばしばみられるような、子どもの「脳」を育てることを指南する記事が皆無というわけではない。「赤ちゃんの脳のじょうずな育てかた」（二〇〇九年冬号、六二頁）では、脳神経学者が、「人間の能力には個人差がありますが、これは、脳の神経回路の発達具合の違いによる部分が大きいのです」と述べ、「できるだけ早く脳を育てるアプローチ」が提案される。

(3)　『かぞくのじかん』

『かぞくのじかん』は、「子育て・家事・仕事とさまざまな役割を担い、忙しいながらも人生を豊かに生きたいと願うお父さんお母さんに向け、暮らしの知恵やスタイルを読者とともに創り、『家庭生活と仕事の調和』を提案する」（メディア・リサーチ・センター編、二〇一四年度版）育児雑誌である。

同誌は、その表紙において「くらす、そだてる、はたらくを考える」と謳い、①「家族の衣食住、時間・家計管理のスキルを身につけ、忙しくても、楽しんで暮らしをまわしていける」こと、②「家庭の温かさと、人とのつながりの中で、子どもの『よく生きる力』が育」ち、「おとなもまた、個としての自分を磨き、共に育て合う家庭」を作ること、③「経済や自己実現のためだけではなく、与えられている能力と時間を、社会へと生かす、さまざまな形での働き方」を実現することを提案している（二〇一〇年夏号、三頁）。

また、同誌は、父母のワーク・ライフ・バランス志向の要素もあり、「忙しい毎日の子育てごはん子どもを待たせず手早くおいしく」（二〇〇八年冬号）、「忙しくてもバタバタしない二四時間の使い方」（二〇〇九年冬号）、「穏やかに過ごすための生活時間のつくりかた」（二〇一一年冬号）、「ゆとりが生まれるポイント家事」（二〇一三年夏号）、「忙しい人のゆとりとテキパキ」（二〇一四年冬号）といった記事にあるように、仕事と家事の作業効率を高めるためのさまざまな知恵・アイディアが提供される。

「どんなときも前向きになれるお金の使い方、暮らし方」（二〇一一年秋号）、「心豊かに暮らす人のお金をかけるところかけないところ」（二〇一三年秋号）、「今日から新しい私！　増やさない暮らしはじめます」（二〇一四年春号）といった記事にあるように、消費主義的な生活スタイルの問い直しも同誌の特徴のひとつである。「お金をかけずに豊かに暮らす50の習慣」（二〇〇九年秋号）では、車を買わずに自転車で通勤する家族が取り上げられたり、子どもに「買わないすてきさ」を伝えることの重要性が説かれたりしている。

3　育児雑誌にみる「ジェンダー化」と「教育化」

ここまで、第**1**章で提示された育児雑誌の類型をふまえ、各誌がどのような特徴をもち、どのようなメッセージを伝達するものであるのかをみてきた。次に、「ジェンダー類別」と「子どもの枠づけ」の概念を援用し、育児雑誌の言説空間における各誌の布置を仔細に描き出してみたい。

父親向けメッセージとジェンダー類別

図2―1は、分析対象とした一〇誌における「父親向けメッセージ」の強弱、つまり、ジェンダー類別の程度の強弱を示したものである。本章では主に、母親読者向けの育児雑誌を取り上げているが、誌面には父親への言及や表象が盛り込まれている。そこで、育児雑誌にみられる父親向けメッセージとして父親（男性）の表象（写真・挿絵）と父親の育児参加関連記事に着目した。各誌の創刊号から二〇一四年一二月号までの全ての号を分析対象とし、表紙に父親（男性）の表象が登場する比率が高いほど、また、父親の育児参加関連記事の登場比率が高いほど、その育児雑誌の父親向けメッセージは強いと解釈した。表紙に父親が登場しない『ひよこクラブ』『Baby-mo』の二誌については、父親の育児参加関連記事の登場比率を算出し、同じく『AERA with Kids』については、記事にみられる父親の挿絵の登場比率を算出した。図2―1の数値は、標準得点[1]を示しており、得点が高いほど父親向けメッセージが強いと解釈できる。

図2―1　育児雑誌10誌における父親向けメッセージの強弱

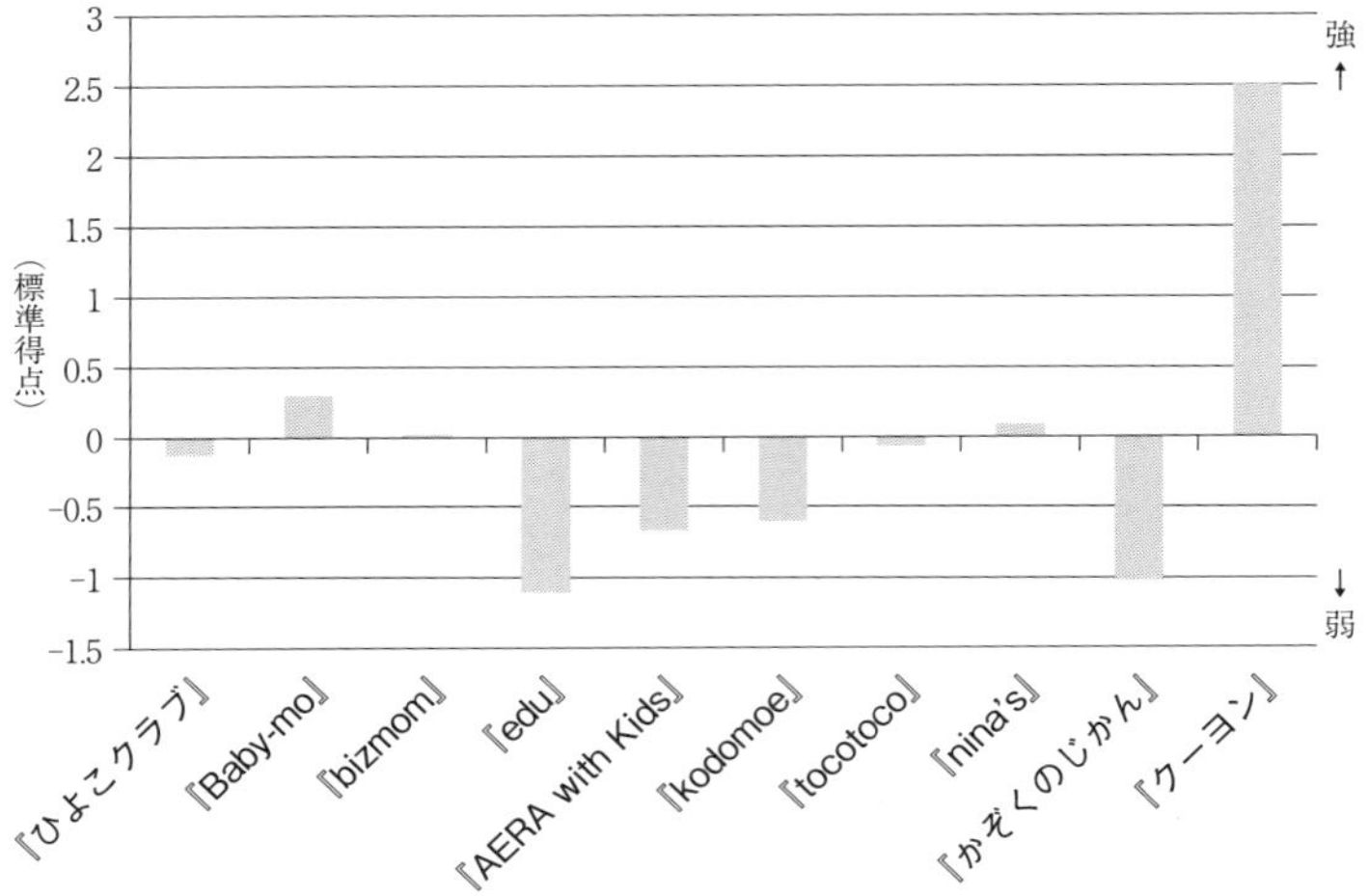

各誌創刊号から2014年12月号より作成（以下同じ）

図2―1に示すように、『ひよこクラブ』は、分析対象とする一〇誌のなかで父親向けメッセージは弱めである。同誌では、父親の育児参加に関する記事は約一％とわずかな比率である。同誌では、「父の日」にちなみ毎年六月号で関連記事が増加する傾向にあるが、父親の育児参加を積極的に呼びかける特集記事がみられた九〇年代に比べて（石黒 2004：109）、「もっと育児にかかわって欲しい」と父親に呼びかける母親の声は目立たなくなっている。

『Baby-mo』の父親向けメッセージはやや強めである。同誌の特徴は、父親の育児参加が強調され、子育てと仕事の両立を志向する母親への目配りがなされている点にある。ほぼ毎号、「パパの育児を応援します Papa-mo」と題した、父子間のふれあいを紹介する記事が掲載されている。同様に、「有名人パパの子育てエピソード」と題した、子育て中の芸能人やタレントが自らの子育て体験を語る記事がしばしば掲載されており、父親向けのメッセージが明示的である。その他にも、「ワーキングママ　怒涛の復帰後1ヵ月ルポ」（二〇一二年七月号）と題する、「パパのサポート態勢もばっちり」だったことで首尾よく復職を成し遂げた母親を紹介する記事がある。同誌の標準得点の高さは、こうした誌面の特徴と一致している。

『bizmom』の父親向けメッセージは、中間的布置である。同誌では、父親自身の仕事と子育て両立に向けた努力についての語り、あるいは父親にサポート役になってもらう方法を議論する記事がしばしばみられる。たとえば、「座談会『ビズマムと暮らす』東京イクメン大いに語る！」（二〇〇七年秋冬号、一〇二―一〇五頁）では、父親が子育てにかかわることの積極的側面や母親との子育てをめぐる軋轢について、父親が座談会形式で議論をしている。同じく、「働くママ＆パパ　スペシャル対談　限られた時間の生かし方とは？」（二〇一三年夏秋号、二二―二三頁）や「パパの家事参加の鍵は信じて任せること」（二〇一四年冬春号、四四頁）では、夫婦協働で家事・子育てをいかに行うのか、そのノウハウがテーマとなっている。

『edu』の父親向けメッセージは最も弱い。同誌において「父親の育児参加」を呼びかける記事は皆無といってよく、表紙における父親の登場比率は一・一％である。同誌の記事からは、子育て・教育における母親の役割・責任が自明視されているという印象を受ける。たとえば、「小学生の脳にいいこと、悪いこと」（二〇〇九年一月号、一二―一四頁）と題する記事では、「知らないのは親の責任」とされ、子どもの脳の成長期である小学生時代の母親役割がきわめて重要であると説く。同様に、「不審者から子どもを守るために知っておきたいこと」（二〇一二年一月号）と題する記事においては、子どもの安全を守るという役割において母親の責任が強調されている。

『AERA with Kids』と『kodomoe』も、父親向けメッセージは弱めである。『AERA with Kids』において、父親の育児参加関連記事はきわめて少ない。また、挿絵における父親の登場比率をみると、父親の挿絵が圧倒的に少ないことから、同誌は母親を直接の受け手とするメッセージを伝達していると解釈できる。

『kodomoe』では、「ハハコ」という同誌の造語が象徴するように、母親と子どもの親密なかかわりが重視される一方で、父親の育児参加を促す記事はほとんどみられない。たとえば、「インテリア大特集　ママも子どもも笑顔に！」（二〇一三年六月号）では、「みんなが『おうちにいるときがいちばん楽しい！』と思えたら、毎日がきっとHAPPYに。ママもパパも子どもたちも笑顔になっちゃう、とっておきのお部屋づくりをご提案します」とあり、母親は、インテリアの改善に積極的に取り組む主体として描かれる。その一方で父親は、特定の役割を与えられることなくそこにいるだけの、後景化された存在として描かれている。また、表紙に男性が登場することもない。

『tocotoco』の父親向けメッセージはやや弱めである。同誌は、表紙に「子どもと一緒に成長したいママとパパへ」と謳い、一見すると、父母協働の子育て志向が強いかのようにみえるが、表紙における父親の登場比率は七・一％である。誌面においては、「新米お父さんのためのtocotoco　お父さんの育休　アウトドアはお父さんの必要スキルです！」（二〇〇八年冬号）など、「父親の育児参加」に関する記事も掲載されているが、創刊号から二〇一四年冬号において、こうした記事の掲載回数は二回とわずかである。

『nina's』の父親向けメッセージはやや弱めである。父親の育児参加関連記事の登場比率は三・三％であり、父母協働の子育てに目配りがなされていないわけではない。とはいえ、総じて子育てにおける父親の影は薄く、父親が誌面に登場しても、家族一緒にファッションを楽しむ存在として表象されることが多い。

『かぞくのじかん』の父親向けメッセージは弱い。表紙における父親の登場比率は三・三％である。同誌では、文化人類学者が、「生産性を労働者一人あたりではなく、時間あたりで考えることによって、無駄な残業を抑え」、「今しかない家族の時間を優先」（「夫の長時間労働。家族は幸せですか？」二〇一〇年夏号）することを提案する記事がみられるが、総じて誌面に父親が登場することは少なく、父母協同の子育ての志向性は明示的であるとはいえない。

『クーヨン』の父親向けメッセージは最も強い。「父親の育児参加」に関する記事は、一・八％とわずかであるが、表紙における父親の登場比率は、（表紙が人物写真となった二〇一〇年四月号以降の全五七冊中）九六・五％となっており、同誌は父母協働の子育てを自明のものとするメッセージを伝達していると解釈できる。

能力志向メッセージと子どもの枠づけ

図２―２は、分析対象とした一〇誌における子どもの能力志向メッセージの強弱についてみたものである。分析の手続きは、図２―１と同様である。子どもの能力開発を志向する記事や、受験型学力の身に付け方を指南する記事に着目し、当該記事の登場比率が高いほど、その育児雑誌における子ど

図2―2　育児雑誌10誌における子どもの能力志向メッセージの強弱

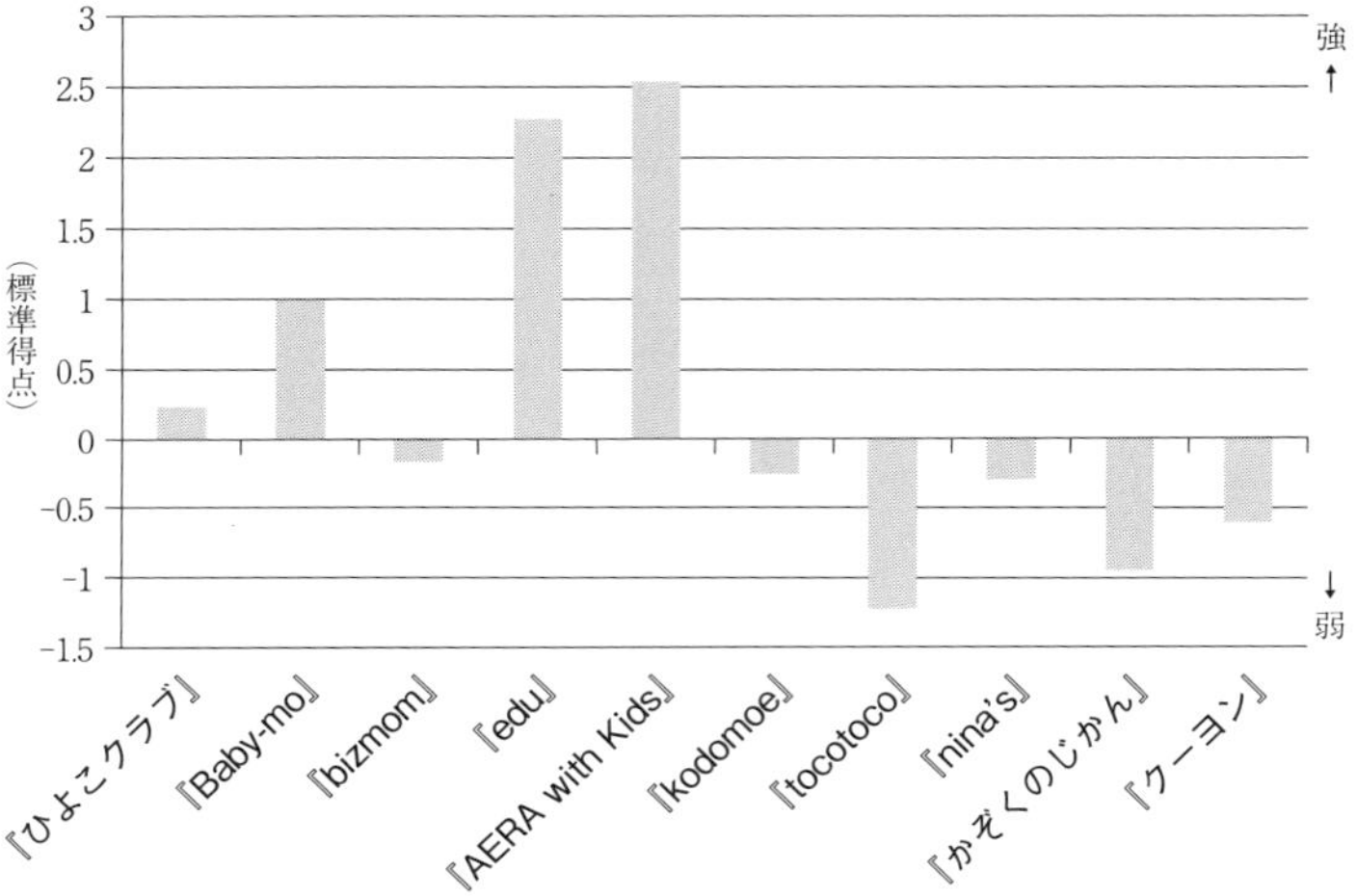

も能力志向メッセージは強いと解釈した。

図2―2からわかるように、『AERA with Kids』と『edu』の能力志向メッセージは群を抜いて強い。これらに『Baby-mo』『ひよこクラブ』が続く。一方、子どもの能力志向のメッセージが弱めなのは、『tocotoco』『かぞくのじかん』『クーヨン』『nina's』『kodomoe』『bizmom』である。

子どもの能力向上に関する記事について、その内容を精査していくと、ある変化が生じていることに気づく。「実践知識志向型」の『ひよこクラブ』『Baby-mo』と「ファッション志向型」の『nina's』『kodomoe』において、「子どもの能力開発志向」の強化がみられるのである。

『ひよこクラブ』においては、創刊から二〇〇三年まで、子どもの能力や潜在能力を高めることの重要性を説く記事の登場頻度は少ないとされてきた（石黒 2004）。しかし、同誌では二〇〇五年以降、能力向上関連記事が登場するようになる。さらに、二〇一〇年代に入ると「脳」という言葉が用いられるようになる。「『脳を育てる』ぐっすり睡眠レッスン」（二〇一〇年八月号）、「脳を育てる0か月からの語りかけ」（二〇一二年二月号）などにみられるように、親にとって子どもの脳は、意図的に特別の配慮をもって育てるべき対象と位置づけられていく。遊びやレジャー、日々の語りかけが子どもの五感の発達に役立つとする、子育てにかかわる一切を教育的に意味づける記事・付録は同誌で一貫してみられるが、記事・付録のなかに「脳を育てる」ことを説くものが付け加えられたことを勘案すれば、同誌での子どもの能力開発志向は、いっそう強まっているとみることができる。

同様に、二〇〇〇年代の『Baby-mo』では、「『頭のいい子』ってどんな子だろう?」（二〇〇四年六月号）や「赤ちゃんの脳を育てる知性を伸ばす遊び方30」（二〇〇六年六月号）、「赤ちゃんの脳を鍛える生活習慣」（二〇一一年二月号）など、創刊当初から、子どもの能力向上に関心が向けられているが、次第に子どもの「脳」への言及が増加していく。たとえば、「赤ちゃんの脳を育てる！　栄養たっぷり離乳食」（二〇〇五年七月号）、「赤ちゃんの脳を育てる栄養レシピ　育『脳』離乳食」（二〇〇九年一一月号）などでは、食事内容が子どもの脳の成長に影響を及ぼすとされている。

また、『Baby-mo』でも『ひよこクラブ』と同様に日常の子育てにかかわるあらゆる働きかけや行動を、教育的に意味づける記事・付録がみられる。たとえば、脳科学者の指導による「0才時代のママの話しかけ方で1才半から差がつく！　ベビーの脳が育つ語りかけ講座」（二〇一二年七月号）、「お外がベビーの脳を育てる　春だ！　ベビーとお出かけしよっ！」（二〇一四年四月号）、あるいは教育評論家の指導による「尾木ママ教えて！　ママの笑顔でベビーの脳は育つ」（二〇一二年一二月号）などの

表２―６　『nina's』子どもの能力向上関連記事一覧

号数	記事タイトル
2010年7月号	子どもが伸びる家づくり
2013年1月号	子どもが伸びる　大人はくつろぐ　素敵なおうちにする方法
2013年5月号	0才からKidsまで！　心も体もアタマも…子どもが伸びるモノ・こと・遊び
2014年1月号	子どもが伸びるおもちゃが知りたい
2014年5月号	習いごとは子どもをどう育てる？
2015年5月号	子どもの可能性を伸ばす　もの・遊び・ならいごと

2008年創刊号から2015年11月号より作成

表２―７　『kodomoe』子どもの能力向上関連記事一覧

号数	記事タイトル
2014年2月号	そろそろトライしてみる？　親子で一緒に　ドリルデビュー
2014年10月号	おすすめ年齢別 感性はぐくむ楽器のおもちゃ
2015年2月号	コレをやれば，ココが伸びる！ 子どもの才能を伸ばす習いごと大辞典
2015年4月号	ネガ→ポジ CHANGE！
2015年8月号	朝の５分スピード知育術　子どもが変わる！ 伸びる！ 魔法の言葉変換ドリル
2015年10月号	子どもを伸ばす121冊　絵本育

2011年創刊号から2015年12月号より作成

記事にみられるように、母親と子どもの言語的・非言語的コミュニケーションが子どもの「脳力」向上の鍵を握るものと意味づけられたり、子どもと一緒に遊ぶことそれ自体に脳を育てるという教育的意義が認められたりしている。

子どもの能力開発志向の強まりは、『nina's』『kodomoe』においてもみいだされる（表２―６・表２―７）。『nina's』は二〇〇八年の創刊であるが、二〇一〇年以降、家庭生活や習い事を通じて子どもの能力を向上させようとする趣旨の記事が散見されるようになる。『kodomoe』は、二〇一一年の創刊であるが、二〇一四年以降、子どもの能力向上を主眼に置く記事が登場するようになる。

このように、『edu』『AERA with Kids』でひんぱんに取り上げられるような「子どもの脳力・能力向上」に焦点化した記事が『ひよこクラブ』『Baby-mo』の両誌においても見られる。また、家庭生活を教育的観点から再組織すべきことを説く記事が『nina's』に、子どもの才能を伸ばすために習い事を称揚したり、知育の重要性を説いたりする記事が『kodomoe』にも存在することから、母親向け育児雑誌が次第に「教育化 padagogizing」しつつあることがみてとれる。なお、ここで「教育化」とは、家族という単位が「子育てスキル parenting skill の新たな場となって」（Bernstein 2001: 365）子どもの統制を強め、専門家による指示を基盤とした、親から子どもに対してのコントロールの強化が生じることを意味する（Burrows 2009）。

本節でみたように、二〇〇〇年代以降、育児雑誌において脳科学や神経医学などの「脳発達言説 brain development discourse」を基調とした「濃密育児 intensive parenting」（Wall 2010）を称揚する記事が増加傾向にあり、一部の育児雑誌の「教育化」は、先鋭化の様相を呈しているといえるだろう。その先に待っているのは、「親による子どものさらなる監視を許容する教育的関係を親と子どもにもたらし、多大な時間と労力を親に要求する」（Burrows 2009: 134）というリスクである。

4　母親向け育児雑誌の現在

本章では最後に、母親向け育児雑誌における「ジェンダー化」と「教育化」の布置を整理したい。図2―3は、「子どもの枠づけの強弱」を縦軸に、「ジェンダー類別の強弱」を横軸にとった座標平面上に、各誌の標準得点をプロットしたものである。

図2―3 「ジェンダー類別」・「子どもの枠づけ」からみた育児雑誌の布置

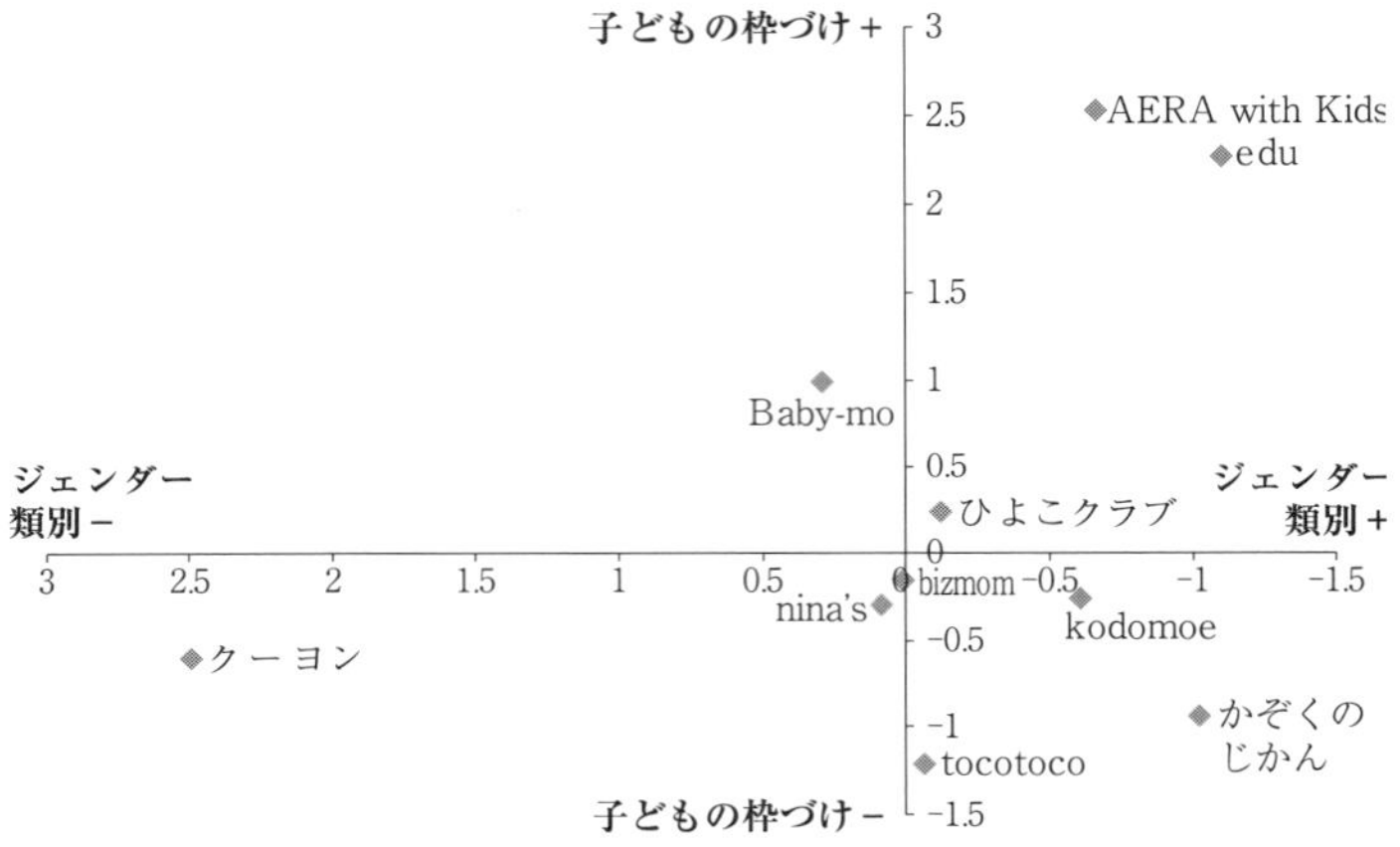

ここでは、育児雑誌の表象や記事にみられるジェンダー類別の強弱、すなわち父母協同型の子育て志向メッセージの強弱と、子どもの枠づけの強弱、すなわち子どもの能力・学力重視のメッセージの強弱を併せて示している。この図からは、主に母親を読者対象とする育児雑誌においていくつかのタイプがみいだされる。ジェンダー類別が明示的（+C）で、子どもの枠づけも強い（+F）タイプ（『AERA with Kids』『edu』）がある一方で、ジェンダー類別が弱く（−C）、子どもの枠づけが弱い（−F）タイプ（『クーヨン』）もある。とはいえ、総じて、育児雑誌のメッセージにおけるジェンダー類別は強めであり、実践知識伝達志向型の育児雑誌を含め、近年、能力志向記事が増加していることを考え合わせると、育児雑誌の「ジェンダー化」・「教育化」の傾向を確認することができる。

「ジェンダー化」・「教育化」された育児雑誌の読者としての親は、「子どもの監視、裁定、矯正、そして規制に関与する『専門家』として自らを新たに作り直すことを要求される」（Burrows & Wright 2004: 91）。「ジェンダー化」された育児雑誌を読む母親たちは、子育ての責任を一身に引き受けつつ、「教育化」された育児雑誌が提供する「監督、モニタリング、正常化」を伴った「規律訓練的技術 disciplinary technique」によって、子どもの「生と教育へのかかわり」（Burrows 2009: 134）を再編成していくことになるのである。

また、「教育化」は低年齢化の傾向もみせている。二〇〇八年には、『AERA with Kids』の新生児向け版である『AERA with Baby』（公称発行部数一〇万部）が創刊されている。同誌は、「0歳からの子育て情報誌」で、「科学的な根拠に裏付けられた情報を精選」（メディア・リサーチ・センター編、二〇一四年度版）して伝達することを基本コンセプトにしている。同様に二〇一一年には、『0才からやっておきたい教育』（公称発行部数八万部）が創刊されている。同誌は、「0才からの発達段階にスポットを当て、『子どもの教育は幼稚園に始まるのではなく、すでに生まれた直後から始まっている！』をキーワードに、各分野で活躍している専門家の力を借り、年齢に合った教育を多角的に解説」する育児雑誌である（メディア・リサーチ・センター編、二〇一三年度版）。このような「教育化」された雑誌の台頭が示唆するのは、一部の中間層の母親たちの「成功計画 planning for success」（Wall 2010: 254）志向の強まりが今日の育児雑誌市場を支えているということではなかろうか。

「教育化」された育児雑誌が市場シェアを拡張する一方で、「教育化する親 pedagogizing parent」あるいは「教育化する家族 pedagogizing family」（Burrows 2009; Dagkas & Quarmby 2012）を称揚する育児雑誌へのオルタナティブの意味をもつ育児雑誌は、ヘゲモニー確立の困難に直面している。いくつか実例をあげると、二〇〇〇年以降には『Neem』（二〇一二年創刊）、『ロハスキッズ』（二〇〇七年創刊）、『ナチュママ』（二〇一三年創刊）など、環境や自然に配慮した子育てを提示する雑誌の創刊が相次いだが、いずれも短期間で休刊となっている。たとえば『Neem』は、「ポリシーのあるママのライフスタイル誌」を謳い、「丁寧でシンプルな暮らし」・「人とのつながりやものづくりの心など、内なる価値の大切さ」を強調し、「家族と自身の健康や衣食住、さらにはライフスタイルそのものを見直し始めている多くのママに向けて、これからの時代に即した価値観といまを生きる女性の新しい生き方」（二〇一二年 vol.1（創刊号）、五頁）を提案することをコンセプトとした脱市場化志向型育児雑誌である。同誌でしばしば登場するのは、「エシカル」（ethical ＝倫理的／道徳的）ということばである。たとえば、「大切なひとを思い行動すること、それがすべての幸せにつながっていく　はじめよう、エシカルな暮らし」（二〇一二年 vol.3、八〇―八一頁）と題する記事では、「ただやみくもに消費するのではなく、意思を持って商品を選択することで発展途上国への支援や環境保全といった、豊かな購買につながる」として、「日常生活の中で無理なく継続できるエシカルな取り組み」を提案する。しかし同誌は、二〇一二年一〇月（vol.5）をもって早くも休刊となった。

一九九〇年代以降、既存の支配的な社会構造を維持・再生産する家族・子育てのあり方をめぐる問い直しの視点が提出されたことは、育児雑誌市場での新たな「出来事」である。しかし、「勝ち組を目指さない」（『クーヨン』二〇〇七年三月号）、持続可能性を持った社会の創出につながる子育てを支持する中間層フラクションの社会的基盤は、未だ脆弱である。このような育児雑誌市場のなかで、母親アイデンティティは引き裂かれていく。「子育て・教育にお金をかけないとよい人生が送れないのか。

『そうではない』と言いたい自分と、『やはり、そのとおり』と思ってしまう自分と、かなり揺れています」との母親の語りはその葛藤状況の一例を示している（育児雑誌読者調査[2]）。

育児雑誌市場を中間層フラクション間のヘゲモニー闘争を映し出す鏡とみるならば、今日、中間層においてヘゲモニーを掌握しているのは、「ジェンダー化」・「教育化」された母親アイデンティティだということになる。その一方で、二〇〇〇年代以降の育児雑誌市場においては、脱ジェンダー化・脱教育化を志向する育児雑誌の登場があり、それは中間層家族の葛藤のゆくえを暗示しているようにも思われる。正当な母親アイデンティティをめぐる中間層の葛藤がどのような社会構造へと帰結するのか、その動向を注視していく必要があるだろう。

（高橋　均）

注

（1）比較する対象（集団）の標本数が異なっている場合でも、標準化によって標準得点を算出することで、同一の基準により対象（集団）間の比較が可能になる。本章では、各誌の刊行期間・記事本数・表象数の違いを考慮し、標準化を行った（第**3**章でも同様の手続きを採用）。

（2）育児雑誌利用者インタビュー（子育て期の女性グループ六名、二〇一五年二月、半構造化インタビュー、東京都K区、聞き手 天童・高橋）。

第3章　二〇〇〇年代型育児雑誌にみる父親の「主体化」

1　父親の「主体化」の時代

日本では、一九九〇年代以降、男女共同参画を合言葉に、とくに私的領域やケア領域における男性の参加が積極的に推進されるようになってきた。少子化の克服には、子育てしやすい社会の創出が不可欠であるとの視点から、「働き方の見直し」「仕事と家庭生活の調和（ワーク・ライフ・バランス）」といった政策的議論も活発になされている。長時間労働に象徴される日本型の労働形態が問い直され、『パパの極意――仕事も育児も楽しむ生き方』（安藤 2008）、『2人が「最高のチーム」になる――ワーキングカップルの人生戦略』（小室・駒崎 2011）、『父親業！――「仕事か、家庭か」で悩まないビジネスマンのルール』（中山 2013）、『パパの働き方が社会を変える！』（吉田 2014）といった書名にもみられるように、父親の家庭回帰やワーク・ライフ・バランスの重要性を説く言説が生産され続けている。

近年では育児に積極的にかかわる父親像が標榜され、二〇一〇年には「イケメン」（若者ことばで美男子の意味）をもじった「イクメン」が流行語にもなった。政府は、二〇一〇年の育児・介護休業法の改正に合わせて「イクメンプロジェクト」を立ち上げ、国や地方自治体主催のさまざまなイベントを開催し、父親の育児参加の啓発運動を展開している（石井クンツ 2013：2）。たとえば厚生労働省は、「イクメンの皆さんはもちろん、ご家族、企業、地域の皆さんなどのサポーターとともに育てていく、一大ムーブメント」（厚生労働省「イクメンプロジェクト」リーフレット、二〇一一年）と謳い、「イクメンプロジェクト」の推進を図った。二〇一〇年代は、子育てに積極的に関与する父親像が、国家的な「主体」と意味づけられた時代であるといえるだろう（天童・高橋 2011）。

ここで、本章の鍵概念である「主体 subject」「主体化 subjection」について述べておこう。主体は元来、近代哲学用語であり、「何らかの性質・状態・作用などを保持する当のもの」を意味する。日常的には、「自覚や意志をもち、動作・作用を他に及ぼす存在としての人間」を指して主体ということが多い。「我思う、ゆえに我あり」で知られる近代哲学の祖デカルト Descartes, René 以降、長らく主体は、自らの意思で能動的に行為する自由な存在を意味してきたのだが、一九六〇年代の構造主義の思想的潮流のなかで、主体を「脱-中心化」された存在としてとらえ直す「主体化論」が登場する。主体化論は「主体が何らかの同一性を有しているという見解を退け、主体は他からのはたらきかけによって構築されるという見解を支持する」（箱田 2000：92）。

問題は、主体を構築する「他からのはたらきかけ」とは果たして何であるのかということであるが、そのさい、クローズ・アップされたのが「言説」であった。フーコーは言説を、「語られる諸対象を体系的に形成＝編制する実践」（Foucault 1969＝1981：77）としてとらえている。ある対象について語ることは、当該対象に焦点を合わせ、それを語られる意義のあるものとして位置づけることだというのが、このことの含意である。本章の主題に即していえば、「イクメン」について語られるということは、ある特定のタイプの父親に光が当てられ、それが語られる価値のある対象として位置づけられるということである。父親の「主体化」とは、このように、父親がひとつの主体として焦点化され、語られるべき存在として位置づけられることを意味する。

言説は、諸個人が主体として存在しうる基盤を提供する。アルチュセールは、「あらゆる言説は、その必然的な相関物としてなんらかの主体をともなう」（Althusser 1993＝2001：147）と述べ、主体化と言説は、相互に不可分な関係にあると指摘する。そのさい、彼は、主体を構築する「呼びかけ」（Althusser 1995＝2005）の効果に着目する。たとえば、親は乳幼児に対して、名前を「呼ぶ」だけでなく、諸々の「語りかけ」をしながら、特定の社会・文化のルールを乳幼児という個人のなかに注ぎ込むが、こうした過程を経て、諸個人は初めて「主体」となる（今村 1997：268）。このように「呼びかけ」とは、日常的になされる言説的実践を意味し、「呼びかけ」にある人物が応え、主体へと転換されるとき、その人物は、一定の言説の枠内、あるいは意味の秩序のうちで思考し、行動する「従属化」された存在となる。アルチュセールによれば、諸個人は主体として「一つの意識を与えられ、注入され、自分の観念に従って行動しなければならず、自分自身がもつ自由な主体という諸観念を自分の物質的な実践の諸行為のなかに刻み込むよう強いられる」（Althusser 1995＝2005：258-259）。つまり、主体とは、自らが特定の意味の秩序に従属していることに気づくことなく、自分の意志に基づいて行動していると「誤認」している存在なのである。

フーコーもまた主体化について、次のように述べている。「主体という語には二つの意味がある。統制と依存によって誰かに従属していることと、良心や自己認識によって自らのアイデンティティと結びついていることである。どちらの意味も、服従させ、従属させる権力形式を示唆している」(Foucault 1982: 781)。

フーコーは、主体化における「二重性」に着目し、それを「主体化＝従属化 subjection」と表現する。この議論を再び本章の主題に引きつけていえば、父親向け育児雑誌の登場は、父親が特定の意味の秩序に自らを結びつけ、アイデンティティを形成すべき対象として焦点化されたことを意味すると同時に、父親向け育児雑誌上の言説に父親が従属していくことを意味する。このように、主体化とは、個人がある言説に自己のあるべき姿を見いだしていくことが同時に特定の言説に従属していくことになるという、逆説をはらんだ過程である。問われるべきことは、父親がどのような存在として主体化されているのかということである。

2　『日経 Kids+』『プレジデント Family』『FQ JAPAN』にみる理想的父親像

「主体」の創出にあって、マス・メディアの影響は大きい。メディア研究において指摘されるように、今日のマス・メディアは、政府や法システム、公衆衛生と並ぶ「権威的制度」のひとつとなっており、とりわけ家族は、特定の方法でその意味を枠づけ、その成員を規制しようとするマス・メディアからの言説的介入の最も重要な場となっている (Lupton & Barclay 1997: 9)。

TVやラジオ、インターネットなど、現代の情報媒体にはマス・メディアだけでなく個々人のコミュニケーションを含むさまざまな形態が存在するが、本章では育児と教育にかかわる雑誌メディアに着目する。雑誌メディアに立ち現れる「メディア言説 media discourse」（Fairclough 2001＝2008: 64）は、特定の知識・情報を広範囲に流布する装置のひとつとして影響力をもっている。とりわけ雑誌は、マス・メディアのなかでも、特定の読者層に照準を絞って誌面編成がなされる「ターゲット・メディア」（吉良 2006）という特性をもつ。つまり、雑誌は、不特定多数を知識・情報の受け手とするTVやラジオ等に比べ、誰が特定の言説を通じて、特定の「主体」となるよう呼びかけられているのかが明確になりやすいメディアなのである。

二〇〇〇年代は育児雑誌の新しい動向が目立つ時期となった（第**1**章）。とりわけ、父親を読者対象に想定した育児雑誌の創刊が相次いだ。『日経 Kids+』（日経BP社、二〇〇五年一一月創刊／公称発行部数六〜八万部）、『プレジデント Family』（プレジデント社、二〇〇五年一一月創刊／公称発行部数二五〜三五万部）、『FQ JAPAN』（アクセスインターナショナル社、二〇〇六年一一月創刊／公称発行部数五万部）などがある（メディア・リサーチ・センター編、二〇〇五〜二〇一五年度版）。こうした父親向け育児雑誌の登場は、父親が「イクメン」として主体化される時代が到来したことを意味している。

本章では、父親向けの育児雑誌として代表的な上記三誌のコンセプトをふまえ、これらを二〇〇〇年代型育児雑誌と位置づけ、父親の主体化の時代を象徴するメディアのひとつとして注目する。内容分析と編集者へのインタビュー調査[1]を通じて、父親向け育児雑誌にみられる言説が、今日の社会においてどのような意味をもつのかについて検討していく。

図3—1　『日経 Kids+』記事内容別ページ比率

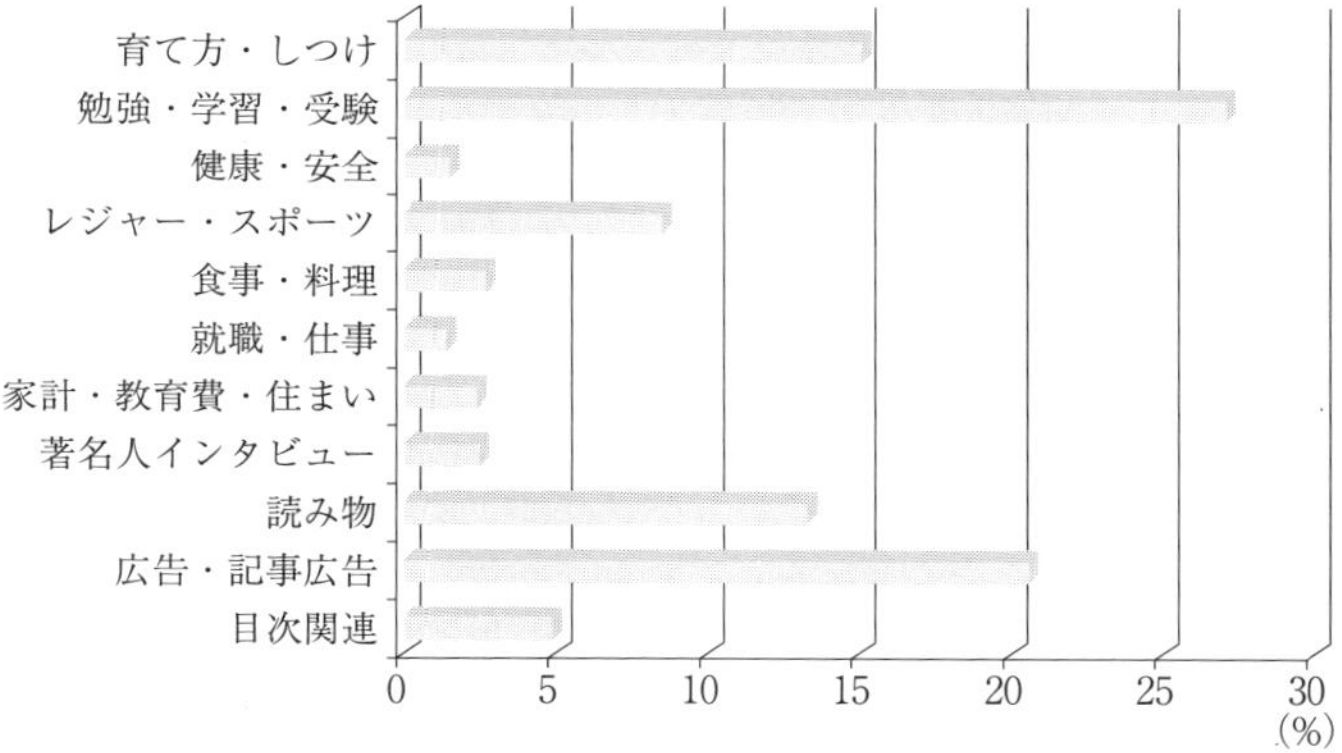

2005〜2010年／各年3・6・9・12月号より作成

『日経 Kids+』の誌面分析

図3—1は『日経 Kids+』の創刊号（二〇〇五年一二月号）から二〇一〇年までの、各年の三・六・九・一二月号における記事内容別ページ比率を示している（分析対象は、『FQ JAPAN』が年四回の季刊誌であることに合わせ、各年の三・六・九・一二月号とした）。

『日経 Kids+』において最もページ比率が高い記事は、「勉強・学習・受験」（二七・一％）である。「学力を伸ばす、個性を生かす　2006最高の教育」（二〇〇六年六月号）、「国語算数理科社会の実力50％アップ　最高の家庭学習」（二〇〇六年一二月号）、「子どもの将来が輝く　最高の学校」（二〇〇七年六月号）など、学校的価値に沿って子どもを教育することの重要性を説く記事が多いことから、本誌を「教育系」育児雑誌として位置づけることができる。

「勉強・学習・受験」に次いでページ比率が高いのが、「強い心・優しい心の育て方」（二〇〇七年三月号）、「『当たり前ができる子』に育てる！」（二〇〇九年六月号）、「しつけの悩み　100問100答！」（二〇一〇年一月号）などの、「育て方・しつけ」（一五・一％）に関する記事である。子どもの学校知識の獲得のみならず、子どもの「社会化」が、同誌の主たるテーマのひとつとなっていることがわかる。

ページ比率が五％以上の記事は、「読み物」（一三・三％）、「レジャー・スポーツ」（八・五％）である。ページ比率五％以下の記事は順に、「食事・料理」（二・七％）、「著名人インタビュー」（二・五％）、「家計・教育費・住まい」（二・四％）、「健康・安全」（一・五％）、「就職・仕事」（一・四％）となっている。また、記事以外では「広告・記事広告」のページ比率は二〇・六％と、父親向け育児雑誌三誌のなかでは、後にみる『FQ JAPAN』に次いで高い。「目次関連」は、四・九％のページ比率となっている。

『日経Kids+』にみる理想的父親像

『日経Kids+』において子どもは、望ましくない行動を矯正されるべき存在とみなされる。「できる親子のタイムマネジメント　朝5分・夕方10分で子どもを伸ばす！」（二〇〇七年一一月号、一六―三二頁）と題された記事は、子どもをルーズであることから脱却させ、自己管理の技術を身に付けさせることをテーマとしている。

同誌において理想化されている子ども像は、勉強もでき、望ましい行動へと自らを導き、自己管理することのできる、いわば「完璧な子ども」であるが、その完璧性の志向は、子どもの身体にも及んでいる。たとえば、「歯の矯正、どうする？　歯並びの悪さは勉強、スポーツにも悪影響！」（二〇〇六年一二月号、一二〇―一三二頁）と題する記事においては、歯並びが子どもの学校の成績やスポーツでの活躍にも影響を及ぼすとして、歯並びの悪さが教育的観点から矯正の対象とされる。

同誌においては、「高度メリトクラシー型学力」を家庭において身に付けることの重要性が強調される。「お笑い力養成講座」（二〇〇七年五月号、九六―一〇三頁）では、ＰＩＳＡ型学力が、「お笑い力」として「再文脈化」（Bernstein 1990; Chouliaraki & Fairclough 1999）される。子どもが日常生活のなかで「お笑い力」を鍛えることは、将来の社会生活を送るうえで必要な複数の力、すなわち、「客観的に観察する力」や「場の空気を読むコミュニケーション力」を鍛えることにつながるとされ、家庭生活における何気ない行動のひとつひとつが、専門家の指示のもとで教育的に意味づけ直される。

同様に、「これから必要な〝本物の学力〟は基礎・基本を活用する力」（二〇〇八年五月号、三六―四三頁）と題する記事では、ＰＩＳＡ型の読解力が実社会で求められる「読み取ったことについて自分の意見を表現する力」に置き換えられるとの解釈が示される。さらに、「読解力を養う土台は、家庭での会話」にあることが強調され、読み聞かせをしたり、「子どもが意見を言えるように上手に引き出して」あげたりすることが親の役割であるとされる。

家庭での食卓・団欒にもまた、教育的意味が付与される。たとえば、「伸びる子どもの食生活」（二〇〇七年五月号、一二二頁）では、「子どもが少しでも食べたら、〝すごいね〟と褒めるのです。食べることを楽しく思えるようになるはずです。そんなやり取りがコミュニケーションを豊かにする」との記述があり、食卓での会話を通じて、「コミュニケーション力」を育てることが可能になると論じられている。

また、「コミュニケーション力」は習い事を通じても向上させることができるとされる。特集記事

「子どもの才能を伸ばす『習い事』」（二〇一〇年二月号、一二―四五頁）では、「子どものコミュニケーション力を高めることは、ゆくゆく責任感を強くしたり、仲間からの信頼を得る土台になる」とし、「そんな力を身に付けるためには、仲間とのやりとりを通して学べる習い事が理想的」だと説く。

同誌においては、グローバル化する社会において生き残るためのスキルをいかに獲得するかに主眼を置いた記事も散見される。たとえば、「英語脳を鍛える最強メソッド」（二〇〇六年一〇月号、一四―六三頁）では、「国際政治やビジネスの舞台では英語が用いられるケースが多く」、「英語がわかればさまざまなものから情報を得たり、いろいろな人とコミュニケーションを取ったりできて、たくさんの発見につながる」として、子どもの英語力を伸ばすことが、親にとっての正当な育児・教育実践であるとされる。

『プレジデントFamily』の誌面分析

次に、『プレジデント Family』の記事内容についてみていこう。図3―2は、創刊号（二〇〇五年一二月号）から二〇一四年までの、各年三・六・九・一二月号における記事内容別ページ比率を示している。

『プレジデント Family』において最もページ比率が高い記事は、「勉強・学習・受験」（三九・四％）である。「中学受験、高校受験の迷いスッキリ！　本当のお得校ランキング」（二〇一二年一〇月号）、「頭がよくなる！　『1日10分』家庭学習法」（二〇一三年七月号）、「わが子は絶対受かる！　中学受験の成功談失敗談100」（二〇一四年二月号）といった記事にあるように、学校知の獲得による社会的上昇

図３―２『プレジデント Family』記事内容別ページ比率

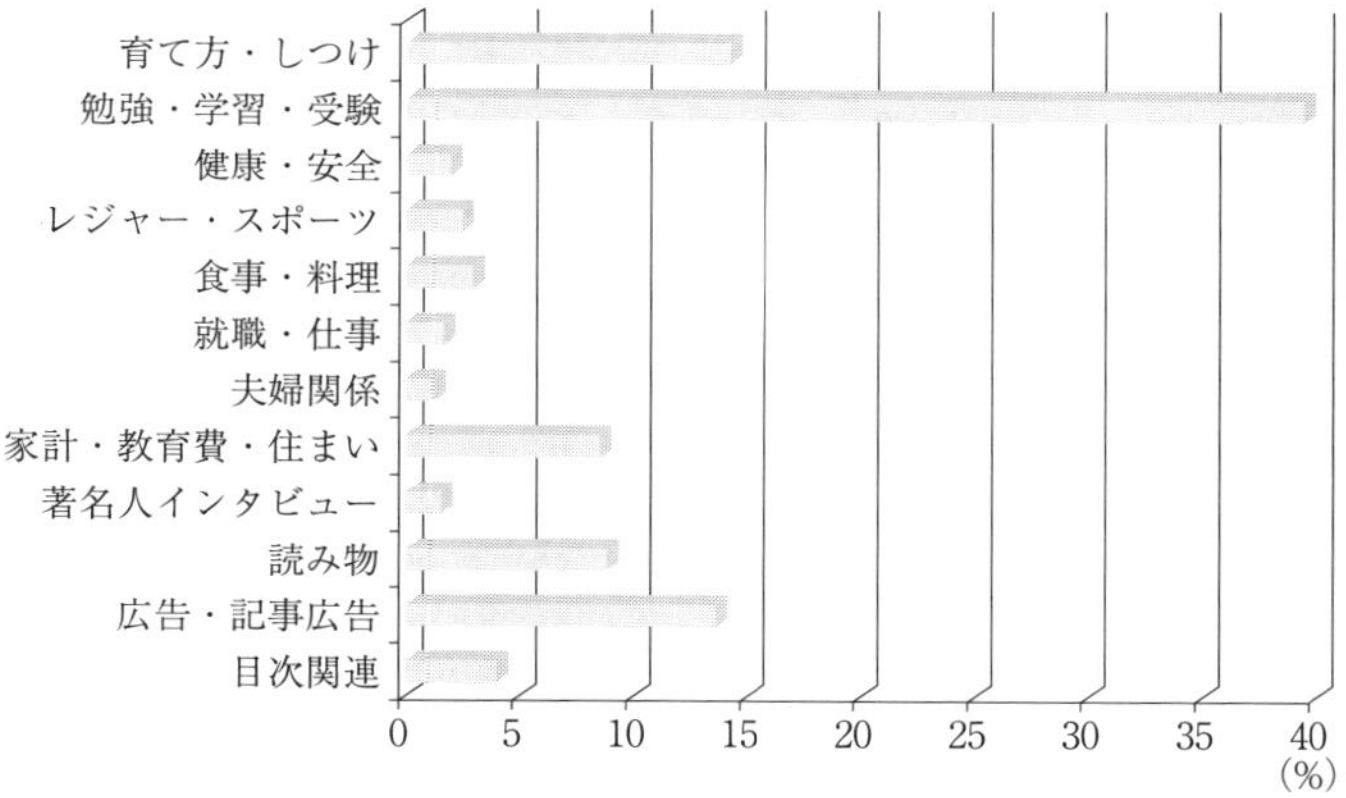

2005〜2014年／各年３・６・９・12月号より作成

移動ないし再生産戦略が本誌の基調となっていると解釈できる。

「勉強・学習・受験」に次いでページ比率が高いのが、「しつけの常識大激変」（二〇〇七年七月号）、「子供に伝わる叱り方」（二〇一一年一月号）、「しつけの言葉　お助け帳」（二〇一二年二月号）などの、「育て方・しつけ」（一四・二％）に関する記事である。子どもの知育と社会化に関する記事のページ比率が全体の五割以上を占めていることから、『日経Kids+』と同様に、教育熱心な親のニーズに応える誌面づくりがなされていることを窺い知ることができる。

次いで、ページ比率が高い記事は順に、「読み物」（八・八％）、「家計・教育費・住まい」（八・五％）である。ページ比率五％以下の記事は順に、「食事・料理」（二・九％）、「レジャー・スポーツ」（二・四％）、「健康・安全」（一・九％）、「就職・仕事」（一・六％）、「著名人インタビュー」（一・五％）、「夫婦関係」

（一・二％）となっている。また、記事以外では「広告・記事広告」のページ比率は一三・六％と、先にみた『日経Kids+』よりもやや低い。綿密な取材に基づいた読ませる記事が多い点は、同誌の特徴であり、文字文化に十分に慣れ親しんでいる層が読者層として想定されていると推察される。なお、「目次関連」は、四・〇％のページ比率となっている。

『プレジデントFamily』にみる理想的父親像

『プレジデントFamily』では、「人気の中高一貫校で伸びる子、伸びない子」（二〇〇六年一二月号）、「よい親の話し方　米国心理学流トレーニング術」（二〇〇七年四月号）、「未来のリーダーに欠かせない『折れない心』の作り方」（二〇〇八年二月号）などの記事にあるように、将来企業等で活躍し出世するよう、子どもをいかに賢く、よい子に育てるかという点に主眼を置いた実用的記事が多い。

同誌において理想化されるのは、たとえば、「測定！　お宅の父親力」と題された記事にみられるような、「外では仕事をバリバリこなし、家では妻を喜ばせ、子供《（ママ）》の受けも抜群」（二〇〇七年四月号、二八―三二頁）の、完璧な父親像である。また、完璧な父親は、同時に、自らの言動・行動が与える意味に配慮したり、振り返ったりすることのできる内省的な父親である。こうした父親像は、ある大学講師による「『この子はなかなかできる』とか『優秀だな』と感じた子供たちのお父さんは、総じて思慮深いように思います。自分の言動、親の行動が子供にどういう影響を与えるのか、非常によく考えておられる。思慮深い父親というのは仕事と家庭のバランスも取れていて、仕事をきちんとこなしながら、家庭でもしっかり存在感があるという方が多い」というコメントにより正当性を付与され、「理想的主体 ideal subject」（Fairclough 2001＝2008）としての位置を確立する。

『日経 Kids+』と同様に、『プレジデント Family』において子どもは、望ましくない行動を矯正されるべき存在とみなされる。「大人になって損します！　わが子の気になる行動矯正法」（二〇〇九年八月号、四八―八〇頁）では、「自慢する、悪口を言う、人の話を聞かない」といった「人に嫌われるような癖は、なおしておきたい」として、子どものさまざまな問題行動の解決法がビジネス・政治・教育などの分野で活躍するオピニオン・リーダーによって議論され、「正しい」子育ての指針が示される。

また、「中高生の親 1000 人が証言　わが子の受験、親の後悔トップ40」（二〇一〇年一二月号）、「先生任せでは受験でつまずきます　『英語授業』激変！　わが子があぶない」（二〇一一年六月号）、「試験本番、最高の状態で子供を送り出す法」（二〇一二年三月号）、「どうすれば子どもは賢くなるの？　東大生 184 人『親の顔』」（二〇一二年一二月号）、「小学生は『３つの力』を磨きなさい　わが子を医学部に入れる！」（二〇一三年一二月号）などの記事にあるように、同誌は学歴社会・メリトクラシー勝ち残り志向を前面に押し出すと同時に親の教育上の役割・責任を強調している。

同様の記事「10年後のわが子のため、さあ親の出番です！　東大合格は簡単だ！　普通の小学生ができる10のこと」（二〇一四年夏号、一四―六五頁）では、「家庭学習はもちろん、親子の会話やしつけを通しての、ちょっとした違いが『頭のいい子』を育てる」とする。さらに東京大学に子どもを合格させた親の子育ての共通性を指摘し、「ほとんどの東大生は、小学生の頃から家庭学習の習慣が身に付いている」とし、成功の鍵となるのは、子どもが自然と机に向かえるように「一歩引いてサポートする親」の姿勢であると説く。

子どもの英語力の向上とグローバル化する社会への対応は、同誌で強調されるテーマのひとつである。しばしば登場するのは、「2200時間かけて学べば、誰でも英語で考える人になる」（二〇一〇年六月号）、「天才キッズの育て方　0歳からの英語」（二〇一三年四月号）など、子どもにいかに英語力を身に付けさせるかをテーマとした記事である。また、「父母よ、子供を海外に出そう」（二〇〇八年一一月号、三頁）では、教育産業に携わる人物が、「世界を相手にしても個性を発揮できるたくましい日本人に育ってほしいと思うのだ。〔中略〕子供たちは無限の可能性を秘めている。若者は未来を切り開く能力を備えている。〔中略〕この国を飛び出して世界を舞台に活躍できる『和僑』の誕生を願って次の時代を担う若者たちの背中を私は押す」と述べている。同誌では、国境を越えて活躍するグローバルな人材として子どもを育てることが、親にとっての正当な育児・教育実践であるとされている。

『FQ JAPAN』の誌面分析

続いて、『FQ JAPAN』（英国発の父親向け雑誌の日本版）の記事内容についてみていこう。図3―3は、『FQ JAPAN』創刊号から二〇一四年までの、各年三・六・九・一二月号における記事内容別ページ比率を示している。

「広告・記事広告」以外で最もページ比率が高いのは、「著名人父親インタビュー」（八・九％）、次いでページ比率が高いのは「読み物」（八・七％）、これに次ぐのが「あるべき父親像・父親検定」（七・四％）に関する記事である。

図3—3『FQ JAPAN』記事内容別ページ比率

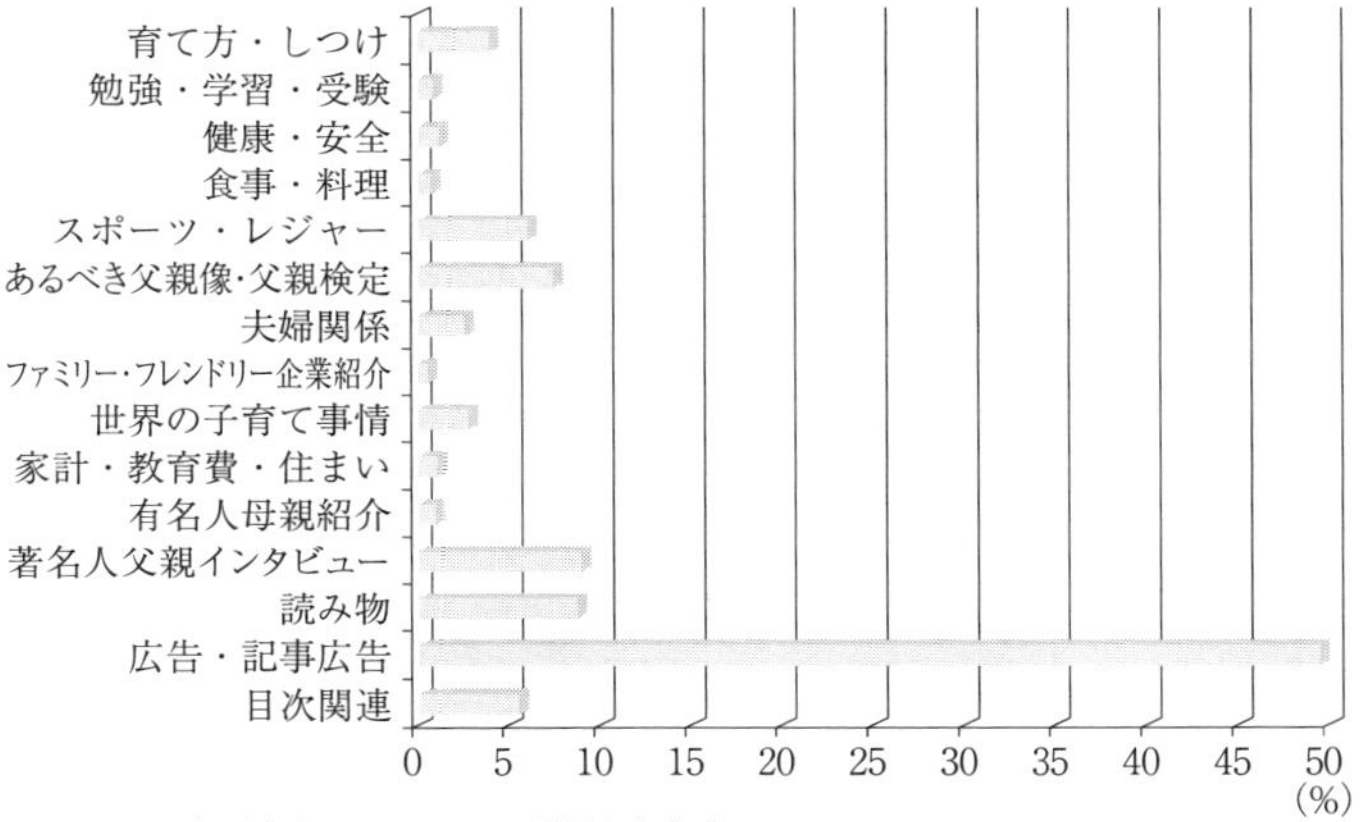

2006～2014年／各年3・6・9・12月号より作成

ページ比率三％以上の記事は、「スポーツ・レジャー」（六・〇％）、「育て方・しつけ」（三・九％）である。ページ比率三％以下の記事は、「世界の子育て事情」（二・七％）、「夫婦関係」（二・五％）、「健康・安全」（一・一％）、「家計・教育費・住まい」（一・〇％）である。

子育てをしながら活躍する海外の有名女優を紹介する「有名人母親紹介」の記事は各号一～三ページとコンスタントに掲載されているが、そのページ比率は〇・九％と低く、本誌は父親をターゲットとして編集されていることを、ここから窺い知ることができる。

「勉強・学習・受験」に関する記事はページ比率〇・八％とわずかであり、『日経Kids+』『プレジデントFamily』とは大きな隔たりがある。「食事・料理」に関する記事のページ比率は〇・七％である。父親の子育てを支援する企業の取り組みを紹介する「ファミリー・フレンドリー企業紹介」のページ比率は〇・五％とわずかではあるが、このジャンルの記事は『日経

Kids+』『プレジデントFamily』にみられない、『FQ JAPAN』独自のものである。同誌が、父親の子育ての意義を強調し、よりよい子育て環境の創出を企図していることがわかる。なお、「目次関連」は五・五％のページ比率となっている。

記事以外では、「広告・記事広告」のページ比率が、全体の四九・四％を占めている。同誌の特徴は、「広告・記事広告」のページ比率が突出して高い点にあり、商品経済との結びつきは、父親向け育児雑誌三誌のなかで最も強いといえる。

『FQ JAPAN』にみる理想的父親像

「著名人父親インタビュー」・「あるべき父親像・父親検定」に関する記事のページ比率の高さが示すように、『FQ JAPAN』が目指すのは、「子育てに積極的に関与する父親」の構築である。この目的を達成するために動員されるのが、子育てに熱心な「有名人である父親」という表象である。同誌では、父親でもある海外の著名な俳優、アーティストや活躍するスポーツ選手がほぼ毎号取り上げられ、彼らの子育て哲学が語られる。「有名人」は、「その主体性と個人性を放棄し、決まりきった意味に組織化」（Marshall 1997＝2002：77）された、「社会における同一化と理想化を表す個人」（Marshall 1997＝2002：26）の典型である。同誌は、「ロールモデルの権威」（van Leeuwen 2008：107）を表象する、有名人である父親へのインタビュー記事を前面に押し出すことで、読者たる父親たちを「子育てに積極的に関与する父親」へと「同調」するよう促す。

同誌では、「男の育児はこう変わる」（二〇〇七―〇八年冬号）、「イクメンって、なんだ？」（二〇一〇年秋号)、「男にしかできない育児55」(二〇一一年冬号)、「ついに始動! イクメン改造プロジェクト〝勘違いイクメン〟になっていないか!?」(二〇一二年冬号)、「『育ティブ』という新スタイル。」(二〇一三年秋号)といった記事にあるように、「理想的主体」から自分自身がいかに隔たっているか、あるいはいかに同調できているかを再認するきっかけを与える記事が多くみられる。

また、「父子で楽しむスポーツ30」(二〇〇七年春号)、「今日のパパはいつもと違う! そんな週末空間」(二〇〇八年春号)、「パパの得点力アップ　夏のおでかけ攻略ガイド」(二〇〇九年夏号)、「子供が育つ! 父子の冒険&挑戦」(二〇一二年夏号)、「子供とソトに、出かけよう」(二〇一三年夏号)、「BACK TO NATURE!! 我が子と自然に還ろう!」(二〇一四年夏号)といった記事にみられるように、父子がともにスポーツやレジャーに取り組むべきとのメッセージが目立つ。夏には海水浴、冬にはスキーなど、父親と子どもがともに楽しむ体験を通じて、父親も子どももともに成長するというのが、この種の記事の多くに共通してみられるロジックである。同誌では「DAD《ダッド》(父親)」という言葉がひんぱんに登場するが、この「DAD」の指示対象は、学校教育に親和的な育児・教育実践よりも、子どもとのふれあいや体験の共有を大切にする、いわば「親密な父性 intimate fatherhood」(Dermott 2008)を体現する存在であるといえよう。

各号とも共通して、「記事広告」の多さが目を引く。具体的な記事タイトルをあげると、「最新! UKトイ&人気セレクトショップ」(二〇〇六―〇七年冬号)、「最初から最高を　モノのスペシャリストが初めてにふさわしいアイテムを紹介」(二〇〇七年秋号)、「子連れで行きたい　お気楽ゴルフ&極上レストラン」(二〇〇八年春号)、「SMART SEAT SELECTION 男が選ぶべきチャイルドシート」(二〇一一年秋号)、「BUY BUY BUGGY 家族の歴史に刻まれるベビーカーたち」(二〇一三年春号)などがある。同誌は読者の消費意欲をかきたてるような宣伝文句が並んでおり、商業主義的な色合いが濃い誌面となっているが、実際に子育てで使用するモノを購入することをきっかけとして子育てにかかわる父親を増やしていくこと、すなわち、「広告を通じて『形から入る』」のは、「本誌のビジネスモデルのひとつであり、他誌との差別化を図るのに、重要な意味を持っている」(『FQ JAPAN』編集者インタビュー、二〇一四年三月)。

『FQ JAPAN』では、『プレジデント Family』『日経 Kids+』と比較して、「勉強・学習・受験」に関する記事が全ページに対して占める比率は顕著に低い。また、その記事内容は、『日経 Kids+』『プレジデント Family』にみられるような、子どもが学校で成功することの重要性を説くものではない。特集記事「父親が考える早すぎない『教育』」(二〇一四年秋号、一八―二七頁)では、「『偏差値』重視型教育が常識となっている日本では、幼い頃から懸命に子どもの〝お勉強〟の背中を押してやることが、父親の役割でいいのだろうか」と、業績主義に歩調を合わせた子育てのあり方に対して異議申し立てがなされ、「数値で表せないものを教える事」こそが父親の重要な役割であるとされる。

3 「ジェンダー類別」と「子どもの枠づけ」からみた父親向け育児雑誌の布置

ここまで『日経 Kids+』『プレジデント Family』『FQ JAPAN』の三誌それぞれが、どのような父親を「主体」として位置づけ、また、どのような子育て・教育を正当なものとしているのかを概観してきた。以上の検討からは、①『プレジデント Family』では、学歴や学校教育的価値を至上のものとし、社会で成功する子どもの育成に勤しむ「ハードな受験志向」の父親、②『日経 Kids+』では、学歴や学校教育的価値の実現と子育てを楽しむことの両立を企図する「ソフトな受験志向」の父親、③『FQ JAPAN』では、楽しみとしての子育てや家族と親しむ休日を至上のものとする「親密な父性」を有した父親像という、それぞれ異なった「主体」が表象されていると解釈することができる。

ところで、これら三誌は「父親向け」を謳っているが、より仔細に読み込んでいくと、母親が読むことを想定した記事が散見されることに注意が必要である。つまり、これら三誌において、父親と母親がそれぞれ子育て・教育にどの程度かかわるべきかをめぐって、トーンの違いがみられるのである。そこで以下では、「誰が」「どのように子どもを統制するのか」、つまり、「ジェンダー類別」と「子どもの枠づけ」（「類別」と「枠づけ」については第**1**章を参照）の視点から、三誌の言説空間における布置を描き出してみたい。

ここでは、創刊号から二〇一四年一二月までの期間に刊行された三誌の全ての号を分析対象としている。なお、『日経 Kids+』については二〇一〇年二月号で一時休刊となったが、二〇一二年一二月号以降、ムック（雑誌と書籍をあわせた性格をもつ刊行物）として五冊再刊されているので、これらも分析対象に含めている。

「ジェンダー類別」の強弱は、ジェンダー平等を志向するメッセージが、分析対象期間の全ての号のうちに登場する回数の多寡を指標としている。『プレジデント Family』『日経 Kids+』については、表紙に父親が登場する回数に着目し、全ての号における父親の登場比率が高いほどジェンダー類別が

図3―4 「ジェンダー類別」・「子どもの枠づけ」からみた父親向け育児雑誌の布置

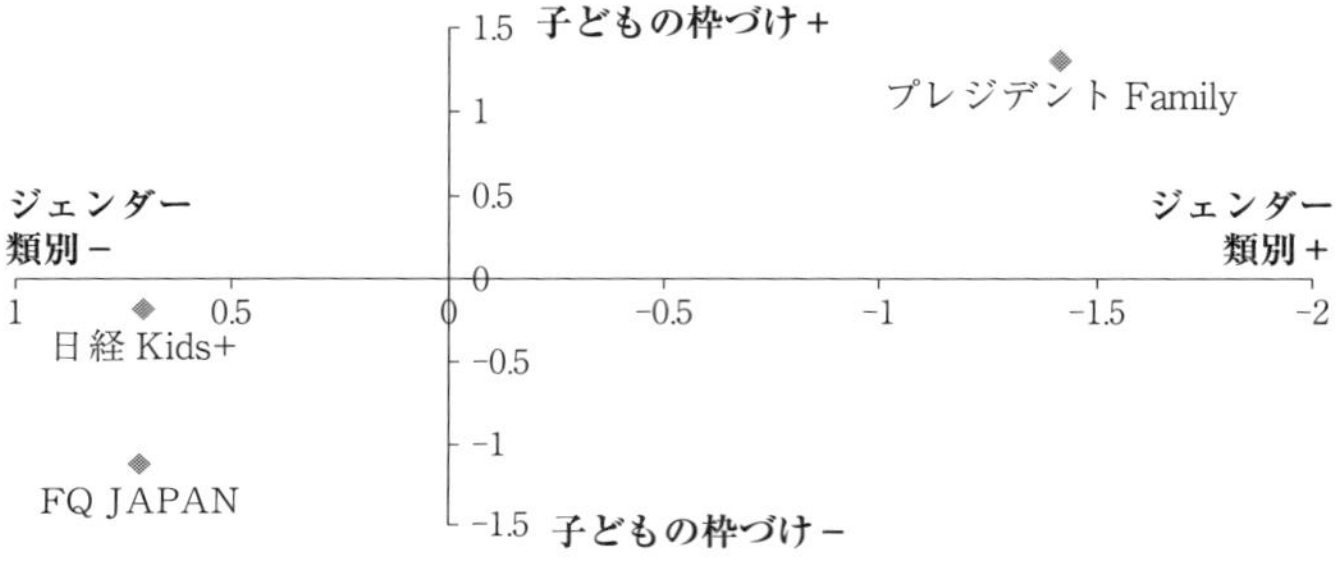

「弱い」と解釈した。またこれら二誌については、母親向け記事と父親向け記事がみられることから、母親向け記事の登場比率が高い場合は、ジェンダー類別が「強い」と解釈し、逆に父親向け記事の登場比率が高い場合は、ジェンダー類別が「弱い」と解釈した。そして、二つの登場比率の平均値をこれら二誌の「ジェンダー類別」の強弱を示す指標とした。また、表紙の登場人物が全て父親あるいは男性である『FQ JAPAN』については、父親の育児参加関連記事の登場回数に着目し、分析対象期間の全ての号について当該記事の登場比率が高いほど、ジェンダー類別が「弱い」とみなし、同じくその登場比率をジェンダー類別の強弱を示す指標とした。

「子どもの枠づけ」の強弱は、学校教育での成功を企図した子どもの能力開発を説く記事が、分析対象期間の全ての号のうちに登場する比率が高いほど、子どもの枠づけが「強い」とみなす。逆に、学校的価値から離れて子どもの能力開発を行うべきと説く記事の登場比率が高い場合は、子どもの枠づけが「弱い」とみなしている。そして、各記事の登場比率を、三誌それぞれの「子どもの枠づけ」の強弱を示す得点とした。各誌の刊行サイクル（月刊・季刊）および刊行期間の違いを考慮して得点の標準化を施し、標準得点を算出した（第2章注（1）参照）。

図3―4は、「子どもの枠づけの強弱」を縦軸に、「ジェンダー類別の強弱」を横軸にとり、『日経Kids+』『プレジデント Family』『FQ JAPAN』の標準得点を、座標平面上にプロットしたものである。「子どもの枠づけ」の強弱の程度についてみてみよう。『プレジデント Family』は、三誌のうちで最も強く、逆に『FQ JAPAN』は最も弱い。『日経 Kids+』は、三誌のうちで中間的な強さを示している。次に、「ジェンダー類別」の強弱の程度についてみると、『プレジデント Family』が最も強い。対極的に、『FQ JAPAN』『日経 Kids+』はやや弱いという結果になっている。図3―4から示唆されるのは、父親向け育児雑誌において、子どもの「枠づけ」が強く「ジェンダー類別」も強いタイプと、逆に子どもの「枠づけ」が弱く、「ジェンダー類別」も弱い、二極化の傾向があるということである。

もっとも、『プレジデント Family』は、付表3―1から読み取れるように、最初から「ジェンダー類別」が強かったわけではない。創刊当初は、表紙にひんぱんに父親を登場させ、また、父親に直接にアピールする記事を掲載するなど、父親向けの育児雑誌というイメージを前面に押し出していたことに注意が必要である。

では、なぜ同誌において、「ジェンダー類別」が次第に強まっていったのだろうか。このことを考えるうえで示唆的なのは、次の『プレジデント Family』編集者の言辞である。

もともと母親を意識して創刊したわけではなかったが、現在の読者は七割が母親である。創刊の意図に反し、母親に受け入れられているのは、（中略）家庭のことは母親が主にマネージメントしており、子育てについても母親はかなりプレッシャーを感じているからではないか。

（『プレジデントFamily』編集者インタビュー、二〇一〇年三月）

『プレジデントFamily』は父親向けを意識して創刊されたが、実際に同誌を手に取っているのは母親であるというのだ。つまり、現実の読者層に焦点を絞るようになったという編集方針の転換が、付表3―1にみられるような、とくに二〇一〇年以降における母親向け記事の顕著な増加に反映されているのである。

次に、『日経Kids+』についてみてみよう。同誌は、表紙に父親が登場する頻度が比較的高く（付表3―2を参照）、「ジェンダー類別」は、『FQ JAPAN』と同程度の弱さである。他方、「子どもの枠づけ」は、それが最も強い『プレジデントFamily』と、それが最も弱い『FQ JAPAN』の中間に位置している。『日経Kids+』がこうした布置を示す理由は、同誌編集者の言辞からも裏づけられよう。

売り上げだけを考え、作り手の考えを全く無視するのであれば、他誌のような雑誌もありうるだろう。（中略）それを否定はしないが、作り手として、あくまでも理想を追求し、本誌を受験一辺倒のものにはしたくなかった。

（『日経Kids+』編集者インタビュー、二〇一三年一〇月）

『日経Kids+』は、「子どもの枠づけ」の強い父親向け育児雑誌と一線を画すことをその編集の基本方針としてきたことがわかる。しかし、実際の読者のニーズをふまえたとき、その方針にも若干の揺らぎがみられるようになる。同誌では、付表3―2にあるように、とくに二〇〇九年頃に子どもの強い枠づけを表象する記事の増加を認めることができる。その背景には、以下のような編集者の状況分析があったと考えられる。

本誌は「お受験お受験していない」ところが読者に評価されている部分もあるが、読者のニーズの大勢としては、受験にダイレクトな記事が好まれる傾向がある。〔中略〕読者の大勢は切迫していて、受験にダイレクトに役立つ情報しか求めなくなっている。

（『日経 Kids+』編集者インタビュー）

もともと『日経 Kids+』の制作者側の意図は、メリトクラシーにおける勝ち残り至上主義に対する異議申し立てにあったが、現実の読者ニーズに応えていくなかで、創刊当初の編集方針を転換させるべきかどうかという問題に直面していた。「理想ばかりを追求しているとビジネスにならないので、それにどう折り合いをつけるのかが大きな問題」（前掲編集者インタビュー）となったというのが、商業ベースの育児メディアのリアリティといえるかもしれない。ムックとして再刊となった二〇一二年一二月号の編集後記における「『それは何のためになるの。それをすると、どういいことがあるの』。そんな問いかけが、日々の暮らしを覆っています。〔中略〕何かをするときは、必ず見返りを求める。子どもの教育に対しても、そんな考えが広がっているように思えます」との編集者の言辞は、学校的価値が支配的な社会の現状を憂いつつも、子どもの能力向上や受験に直接的に役立つ情報を提供しなければ市場で生き残れないという、雑誌メディアが抱え続けるジレンマを如実に示しているだろう。

続いて、『FQ JAPAN』についてみよう。同誌は、三誌のなかで最も「ジェンダー類別」と「子どもの枠づけ」が弱い。同誌は図3―4にみたように、『プレジデント Family』とは、ほぼ対極的な位置にある。以下の本誌編集者の言辞は、『FQ JAPAN』がこうした布置を示す理由を裏づけている。

> 子育ては基本、父親・母親ふたりでやるもの。〔中略〕やはり、たのしさ「FUN」ということが大切で、まずは父親に育児を楽しんでもらうことが、よりいい育児につながるはず。〔中略〕本誌は、女性の社会進出を支援することも目指している。最終的には、父親だけでなく、地域や社会で女性の社会進出を支える仕組みを作っていければと思っている。女性の社会進出の裏には、男性の家庭進出もあるべきというのが、本誌のスタンスです。
>
> （『FQ JAPAN』編集者インタビュー、二〇一四年三月）

『FQ JAPAN』では、父母のジェンダー平等を基本とした子育てが前提とされていることがわかる。一方、「受験の話やお金の話は、あまり面白くない。それらは必要だとは思うが、本誌でどう位置づけるのか、そのバランスは常に考えている」（前掲『FQ JAPAN』編集者インタビュー）として、学校的価値に親和的な子どもの能力開発志向とは対極のスタンスが語られている。また、学校外で自然に慣れ親しみ、実際の活動・体験を通じて学ぶことの大切さは、記事の中でもひんぱんに主張されている

（付表3―3）。

4　父親役割の「再認」と「再強化」

本章では、『日経 Kids+』『プレジデント Family』『FQ JAPAN』三誌それぞれが、どのような内容をもつ誌面を構成しているのか、また、それらが誰に向けた誌面となっているのかについて検討してきた。これら三誌はいずれも、父親を主要な読者対象として想定している。しかし、編集者へのインタビューからもわかるように、『日経 Kids+』『プレジデント Family』の二誌を実際に購読しているのは「母親」であることが少なくない。

父親を意識しているが、実際、「読者カード」を書いて返送してくるのは母親というパターンがとても多い。〔中略〕全体的に言えば、買っているのは女性が圧倒的に多く、現実の読者は女性が多いようだ。

（『日経 Kids+』編集者インタビュー）

読者層は、雑誌に付いている「読者はがき」の回収と、お金をかけた独自調査によって把握している。読者はがきのデータと独自調査のデータは、だいたい重複している。男性読者が多いときで四割、女性読者が多いときで七割五分と、だいたいそのあたりの振れ幅である。

（『プレジデント Family』編集者インタビュー）

『日経Kids+』『プレジデントFamily』が想定する読者層と実際の読者層とのずれが意味することとは何か。それは、育児雑誌を購読する家庭において、学校的価値志向の子育てのイニシアティブが母親によって掌握され、また、その責任を母親が担っているという事実ではないだろうか。つまり、メリトクラシー的勝ち残り志向の子育ては、「ジェンダー化」されているのである。学校的価値志向の、「子どもの枠づけ」の強い父親向け育児雑誌の登場は、母親が子どもの知育や学力向上の責任を負う「主体」となり、結果的には「ジェンダー秩序」の再生産に寄与するという逆説を示すものといえよう。

ここで留意したいのは、『日経Kids+』『プレジデントFamily』二誌の読者層の階層は、「平均を取ると七〜八〇〇万円台の層」(『日経Kids+』編集者インタビュー)、「読者の平均年収は八〇〇万」(『プレジデントFamily』編集者インタビュー)との指摘にもあるように、押し並べて高めであるという点である。つまり、これら二誌は、限定された階層向けのメッセージ媒体となっているのである。

もっとも、『日経Kids+』が伝達するメッセージは、徹底したメリトクラシー的勝ち残り志向というわけではなく、時間をゆっくりとって子育てを楽しもうというコンセプトを基本としているという。にもかかわらず、「他誌の場合、中高一貫校ランキングなんかは必ず部数が出る」(『日経Kids+』編集者インタビュー)という編集者の指摘は、「直接的に役立つ」知識・情報が、アッパー・ミドル層の育児戦略に組み込まれ、彼らの「より良い」学校・進路選択に寄与していることを示唆している。一定の経済的基盤を有した階層の、「ジェンダー化」された子育てを展開する家庭において、子どもの将来の社会的成功のための言説的資源として前出の二誌は位置づけられているのではないだろうか。

一方、『FQ JAPAN』は「子育ての知識を学ぶにしても、あまりお勉強チックではありたくない」「お父さんがいつも笑っていたら、子どももいつも楽しいと思う」（『FQ JAPAN』編集者インタビュー）とその編集者が述べているように、父親向け育児雑誌でありながら『日経 Kids+』『プレジデント Family』とは異なり、父親による「楽しい子育て」を実現していこうというメッセージを伝達する。同誌では、メリトクラシーの勝ち残りを志向する記事はほとんど提示されず、子どもの能力・脳力向上がいわれても、それは、脱メリトクラシーの社会的文脈に置かれている。

なるほど、『日経 Kids+』『プレジデント Family』によって提示される「理想的主体」は、『FQ JAPAN』によって提示されるそれとは異なり、そこには、父親像の「分極化」が生じているようにみえる。しかし、以下の編集者の言辞にあるように、所得のレベルでいえば、これら三誌が想定する読者層に大きな違いはないことに注意が必要だろう。

読者層として、本誌がターゲットに考えているのは、どちらかというとミドルからアッパーミドルクラスで、生活に余裕があるからこそ、逆に育児ということに意識を向けられる層。需要のボリュームゾーンは、年収ベースでいうと六〇〇～八〇〇万から、八〇〇～一〇〇〇万円。

（『FQ JAPAN』編集者インタビュー）

各出版社は、より入念なマーケット・リサーチによってみいだされた「想像上の主体 imaginary subject」に対して「呼びかけ」（Althusser 1995＝2005）を行い、それへの同化を読者に促そうとするが、問題は、そこに階層化された社会が前提とされていることである。みてきたように、父親向け育児雑誌は、子育てや子どもの教育にさまざまな配慮を行き渡らせることのできる余裕をもった人々を読者として想定して「呼びかけ」を行い、実際に想定通りの読者層がそこに形成されている。階層的に偏った育児言説の配分は、子育て・教育において父親という資源を最大限に活かす戦略へと、特定の階層の家族が方向づけられることを意味している。

父親向け育児雑誌の刊行とその言説の流通は一面では子育ての新たな担い手としての父親に光を当てるという意味をもつ。しかし、本章でみたように、父親向け育児雑誌による父親役割のクローズ・アップは、既存の階層構造の維持・再生産につながる逆説をはらんでいることにも留意する必要があるだろう。父親向け育児雑誌は、中間層の家庭において、子育て・教育における父親役割の「再認」を通じて父親役割の「再強化」をもたらす、父親の「主体化」の装置なのである。

（高橋　均）

付表3―1 『プレジデントFamily』表紙登場人物・父親／母親向け記事一覧

	表紙登場人物等	父親向け記事	母親向け記事
06年 9月号	父・母・女児2・男児1		
10月号	男児2・女児1		
11月号	男子生徒8	父親の出番　学校生活の問題撃退マニュアル	
12月号	幼児多数		
07年 1月号	父・母・男児・女児	父親の力量が試される！受験のマネジメント	
2月号	女子生徒5・男子生徒2		
3月号	父・母・男児2・女児		女四十代，再就職マニュアル　家事子育てと難なく両立　輝く妻のハローワーク
4月号	男子生徒12	ダメパパ改造7日間／測定！お宅の父親力	セレブ妻の常識　ニコタマダム座談会
5月号	父・母・男児		
6月号	女子生徒6		
7月号	女子生徒5		心理カウンセラーの助言　夫をたてると，いい子が育ちますよ／中学受験と妻の心理学
8月号	女子生徒3・男子生徒2	学校は父親を待っている！親と教師の人間関係学	
9月号	女子生徒4・男子生徒2		
10月号	女子生徒4・男子生徒2		
11月号	女子生徒3・男子生徒2		
12月号	男子生徒5		
08年 1月号	女子生徒8	お父さんは知らない　娘が今，心の底から喜ぶもの	
2月号	女子生徒3・男子生徒3		
3月号	男子生徒3・女子生徒3		
4月号	男児5・女児6		
5月号	男子生徒3・女子生徒3		
6月号	女子生徒13		
7月号	男子生徒4・女子生徒2		
8月号	女児7		「お母さん，あれ買って！」子供のおねだり，上手な拒み方
9月号	男児		
10月号	男児	たまの父の忠告，いい加減度チェック	日々の母の小言，イライラ原因チェック
11月号	女児		算数オリンピック決勝進出21人　母が買い与えた開眼グッズ
12月号	女児		
09年 1月号	男児	父が導いた一流への扉	
2月号	女児		教育費と妻の心配　すべてスッキリ！
3月号	女児		
4月号	女児		わが子を一人前に　妻の子離れのコツ
5月号	男児		

	表紙登場人物等	父親向け記事	母親向け記事
6月号	男児		
7月号	女児		イライラ解消！収入アップ！パパも子供も大喜び　ママも大変身！ママが輝く働き方
8月号	男児		
9月号	女児		
10月号	女児		夫の薄っぺらなセリフにいかに釘を刺すか
11月号	父・母・男児3	父から学んだ責任感	
12月号	父・母・男児・女児		良い手抜き料理，悪い手抜き料理
10年1月号	父・母・男児3		
2月号	父・男児2		
3月号	祖父・父・母・男児4		中学受験ママの出費メモ，ぜんぶ公開
4月号	父・母・女児1・男児2		40代主婦1000人アンケート　あなたは「女の自信」がありますか？
5月号	父・女児・母		「おバカノートを何とかしたい！」母の悩み相談室
6月号	父・母・男児3		
7月号	男児3	父が決めた，わが家の必修科目	
8月号	父・母・男児	午前6時半，できるお宅はパパが大活躍	朝ごはんグランプリ開催！栄冠はどんな母に輝いたか／最後は母が守るから
9月号	父・母・女児2		東大ママが実践した知育法／お母さん，成績が悪くても「できない子」とは限りませんよ
10月号	父・母・女児1・男児2	ド素人父ちゃんの猛烈稽古	
11月号	祖父・父・母・男児3		
12月号	父・母・男児・女児		息子を支えた母の手帳
11年1月号	母・男児2		母のイライラも即刻解消！子供に伝わる叱り方／受験ママが年末に追い込まれる8つのパターン
2月号	父・母・男児2		
3月号	父・母・男児1・女児1		
4月号	父・女児・母		
5月号	父・母・男児・女児	ここ一番！受験生パパのおさえどころ	賢い母とバカな母の，7つの違いを見つけた受験生ママの365日心得手帳
6月号	父・母・男児・女児		
7月号	父・母・男児1・女児1		給料ダウンでも学費を増やせる母がいる　どうやったら家計の不安が消えるか？
8月号	父・母・男児3	弁護士パパが子供に教えた勉強のコツ	母の愛情，ここに極まれり！　拝見！頭のいい子のお弁当
9月号	父・母・男児2		
10月号	父・母・男児・女児		
11月号	父・母・女児		模試でドン底のD判定　そこから母はどう動いたか
12月号	父・母・男児・女児		読者ママが思わず号泣！わが子の受験と母の心理学／子供のためにいつもリラックス，合格ママの毎日の工夫

	表紙登場人物等	父親向け記事	母親向け記事
12年 1月号	男児11		
2月号	女児6		お母さんはわかっていない「息子にまったく伝わらない言葉」
3月号	父・母・子供※		ママFPが毎日実践！1億円が貯まる生き方
4月号	母4		頭のいい母は，わが子への願いをどう叶えたか　東大ママが買った知育教材
5月号	やましたひでこ		ママに伝えたい　放射能の常識，非常識62／母はスッキリ，子供は伸び伸び「断捨離」子育て術
6月号	母・女児		灘VS開成　最強の受験ママ決定戦
7月号	荻原博子		「貯蓄率30％超」キャッシュリッチ美人の素顔　金持ち母さん魔法の貯金術
8月号	男児2・女児		
9月号	男児※		
10月号	女児※		塾講師，ママの評判がGOOD！
11月号	女児2※		800万ママどんぶり勘定をビシッと卒業
12月号	男児・女児※		
13年 1月号	母※		99％のママが知らない，たった1％の勉強習慣　頭がよくなる魔法の「朝10分」
2月号	女児※		中学受験直前，母の宿題トップ50／貯蓄率5割も！ドケチ3つ星ママの家計簿
3月号	女児※	ある父親が与えた「奇跡の教材」	
4月号	男児・女児※		初心者ママへ「英語子育てデビュー」ガイド／ママ向け「美文字10分間ドリル」
5月号	女児※		
6月号	男児・女児※		読んだママだけ，トクをする　日本一の受験ガイドブック
7月号	女児※		プロの技を教わろう　ママが最高の家庭教師になる！
8月号	DaiGo・男児2・女児2		
9月号	男子26・女子7		「天才・秀才を育てる母親」4タイプ
10月号	三木良介ほか		ファミリー母親塾「美文字10分間ドリル」
11月号	うさぎ・赤カブ※		子供の知能を伸ばす料理ベスト30
12月号	白熊・ペンギン※		
14年 1月号	白熊2※		
2月号	ペンギン※		これからのお母さんのために　森上先生の「中学受験」超入門講座
3月号	キリン親子※		「算数ができる子のママ」の素晴らしい特徴
4月号	ペンギン・学校机※		シングルマザーが賢い子を育てた話
5月号	羊親子※		お金をかけずに，東大生・京大生を育てた母の秘密
夏号	東大安田講堂※		
秋号	男児※		

2006年9月号～2014年秋号より作成
※　挿絵

付表3—2 『日経Kids+』表紙登場人物・特集記事・子どもの能力向上記事一覧

	表紙登場人物等	特集記事	子どもの能力向上関連記事
05年5月号(創刊号)	父・男児・女児	子どもの夢の育て方　子どもコーチング	親子のマナー講座　子どもの姿勢を良くする法
06年4月号	父・男児2	子どもが輝くために親がすべきこと　潜在能力を引き出す最強メソッド	親子の安心マネープラン
5月号	父・男児	元気を育てる正しい食事　子どものやる気は食生活で決まる！　子どもの安全20の鉄則	眠りを豊かにする方法
6月号	父・男児	学力を伸ばす，個性を生かす　最高の教育　私立VS公立，いい学校，いい教師の見分け方	子どもの感性を刺激するおもちゃ／ゲーム・テレビとどう付き合う？
7月号	父・男児	才能が開花する習い事　戦略立案能力，瞬時の判断力，対人関係力，創造力，計算力…	忙しいパパ&ママの親子コミュニケーション術
8月号	父・男児	学習塾では学べない大事なこと！　子どもを伸ばす夏の教室	本で学ぶ，冒険から学ぶ　勉強が楽しい！夏休みの自由研究
9月号	父・男児	夏休みの読書で差を付ける！子どもの感性を磨く100冊の本　読解力／読書習慣の付け方…	夏休みの正しい生活習慣
10月号	父・男児	英語脳を鍛える最強メソッド　教材・スクールの選び方	外遊びで身に付く大事な力
11月号	父・男児・女児	兄弟姉妹一人っ子を伸ばす　男の子脳×女の子脳の法則	子どもの難しい質問にどう答える？
12月号	父・男児	国語算数理科社会の実力50%アップ　最高の家庭学習　差が付くポイントの学び方，教え方，小学校入学前に知っておくこと	子どもたちがずっと慕う　最高の先生
07年1月号	父・男児	受験勉強では身に付かない　大人になって必要になる力　子どもが今，学ぶべき大切なこと！	創造性を育てる手作りおもちゃ
2月号	父・男児	塾選びの正解　塾で伸びる子の法則，親の最適フォロー術	子どもをダメにする夫婦関係
3月号	父・男児	いじめストレスに勝つ！　強い心・優しい心の育て方	親子の会話で家庭学習　お風呂で理科，台所で算数…
4月号	父・男児	子どもの可能性をひらく　父親力×母親力　教育，しつけ，心のケア…父親だからできること，母親だからできること！	テレビ・漫画・ゲームで子どもを伸ばす／日本の伝統を親子で学ぶ
5月号	父・男児	脳の構造が違えば得意不得意も違う！　男の子の勉強法　女の子の勉強法	伸びる子どもの食生活　担任の先生との付き合い方　お笑い力養成講座
6月号	父・男児	子どもの将来が輝く　最高の学校　私立中VS公立中，学べることを徹底比較　私立で伸びる子，公立で伸びる子…	子どもが伸びる幼稚園・保育園
7月号	父・男児	当たり前のことができる子に！心の教育　友達を大事にする，弱い者を助ける，ルールを守る，我慢ができる…	運動神経を良くする方法
8月号	父・男児	夢に出会い，学ぶ意欲がわく　子どもの宝物になる100冊の本	子どもの才能を伸ばす夏の教室
9月号	父・男児	遊びながら学んで実力アップ　夏休みの家庭学習	アウトドアで大切なことを学ぶ／子どもを伸ばす夏休みの生活習慣
10月号	父・男児	知能，性格，運動能力，体質，体格…「親子は似る」のウソホント　遺伝で決まるのか，環境で決まるのか	親子で鍛える言葉力
11月号	父・男児	できる親子のタイムマネジメント　朝5分・夕方10分で子どもを伸ばす！	子どもの成長を左右する　夫婦の品格
12月号	父・男児	子どもが伸びる環境は親がつくる　これが子ども社会に起きている問題だ！　教師の地域格差，学力と地域力…	今すぐ家庭で応用できる　世界の最先端教育メソッド

	表紙登場人物等	特集記事	子どもの能力向上関連記事
08年1月号	父・男児	子どもにかけるお金大検証　進路別の完璧マネー術	創造するセンスを育てる方法　エコ学習で子どもを伸ばす
2月号	父・男児	性格を生かすメソッドを選ぼう！子どもの性格別　才能の伸ばし方	親子のモラル&マナー講座
3月号	父・男児	本当に伸びるのはどっちだ？早期教育VSスロー教育　数学的センス，作文力，語学力，暗記力，スポーツ，アート…	親子で伸ばす　話す力・聞く力
4月号	父・男児・女児	上の子・下の子・一人っ子の強みを生かす！上の子の自信，下の子の理解力，一人っ子の積極性	塾&習い事の悩み相談室／手作りゲームで創造力アップ
5月号	父・男児	学力は？いじめは？教員の質は？地域格差は？親の不安・不満はこれで解決　公立の小・中学校でも大丈夫！	外遊びと安全どう両立させる？
6月号	父・男児	一人の人間として　当たり前ができる子に育てる　人の話が聞ける，友達を思いやれる，キレない，素直に謝る…	家庭学習教材の選び方・使い方
7月号	父・男児	子どもを伸ばすのはどっち？専業ママvs働くママ　地方パパvs都会パパ	効果はある？英語の早期教育
8月号	父・男児	伸びしろのある子に育てる　1日10分で地頭を良くする　東大生はどう地頭力を伸ばしたか？	ゲーム・テレビとうまく付き合う
9月号	父・男児・女児	間違っていませんか？男の子の褒め方　女の子のしかり方　しかられすぎると人の話を聞けなくなる	子どもの心が豊かになる100冊　科学者，弁護士，難関大学生…も読んだ
10月号	父・男児・女児	今必要なのはけんか力！　友達付き合いの上手な子　ぶつかり合う体験が人を思いやる気持ちを育てる	子どもの片付け力アップ大作戦
11月号	男児・女児	うちの子って“天才”!?　隠れた才能を見つける！伸ばす！　わが子の能力に気付く「発見シート」を書こう　才能の土台づくりは五感トレーニングで	
12月号	男児	3才・7才・10才が注意年齢！「キレない心」の育て方　親で変わる　キレにくい子，キレやすい子	おうちで実践！私立小学校の学習メソッド
09年1月号	男児・女児	男の子の国語力　女の子の算数力　どこが苦手？どう伸ばす？	心の準備は低学年から　最新事情を知って選ぶ　中学受験する？しない？
2月号	父・男児	きょうだい&一人っ子の「褒め方，しかり方」親が公平さにこだわり過ぎると子どもを傷つける	お年玉の時期だから教えたい　子どもに「お金」をどう教える？／親子で“和”に親しもう
3月号	父・男児・女児	自分のことが自分でできる子にする！　やる気にさせる魔法のサポート術20	早く始める？今からでも遅くない？　お稽古事の始めどき，伸ばしどき，やめどき　わが家の年収で大学まで出せるの？
4月号	男児・女児	集中力が付く！時間がうまく使える！子どもが伸びる　朝・夕10分の魔法の習慣	幼児，小学生向け教材の選び方，使い方まるわかり　「学ぶの大好き！」になる家庭学習のコツ
5月号	父・男児・女児	コミュニケーション&学びの基礎はこのチカラ！「話す力」「聞く力」で考える子になる！友達がふえる！	オモシロ科学館を120%楽しむ／塾の新しいカタチ／子どもに伝えたいきれいな日本語100選
6月号	男児・女児	わが家のルール，300家族大調査　「当たり前ができる子」に育てる！　友達を思いやれる，素直に謝れる…	小学校で新・学習指導要領がスタート
7月号	父・男児	今，気づかないと手遅れに!?　子どもの「SOS」大百科	興味と個性を伸ばすために親ができること　好きの「芽」を引き出す黄金メソッド　子どもの脳を活性化させる食事　成長を助ける食事
8月号	男児・女児	学びたくさせるにはコツがある　学習習慣が付く楽チンメソッド	子どもを成長させる夏の旅／教育費いくらかかる？どうためる？

	表紙登場人物等	特集記事	子どもの能力向上関連記事
9月号	男児・女児	子どもを夢中にさせる145冊　頭のいい子が小学生時代に熱中した本	復習はもちろん苦手克服まで完璧　夏休みのノート学習法
10月号	父・男児・女児	5歳までにやっておくべきこと　10歳までにやりたいこと　早期教育VSスロー教育	親子で科学実験にチャレンジ
11月号	父・男児・女児	やる気を引き出す褒め上手ママ　その場しのぎで甘やかさないしかり上手パパになる！	低・中学年の学習はこれで万全　学校のドリルと教科書だけで学力アップ！
12月号	母・男児	親の「ひと言」で子どもの心が強くなる！我慢できる，すぐにあきらめない，甘えすぎない！	脳科学者久保田競さんが指摘　4歳からでも間に合う　1日5分で天才脳を育てる／お受験しなくてもやっておきたい小学校受験勉強の中身
10年 1月号	父・女児2	しつけの悩み　100問100答　あいさつ，言葉遣い，公共のルール…	放課後時間をどう充実させる？　習い事のさせ方，生活リズムのつくり方…
2月号	母・男児	習い事の「始めどき」「やめどき」	親子で学ぶマナーの基本／4歳からのお金の教え方
12年 12月号	男児2・女児2	公立中・高で子どもを伸ばす　中学受験をしない選択	内申書の真実／読解力を付ける
13年 4月号	男児・女児	友達を大切にする，我慢できる，自分で考え行動できる…心の教育	男の子と女の子の「こんなとき」どうする？
14年 4月号	男児・女児	中学受験する？公立に行く？	受験で子を伸ばす親，つぶす親
11月号	男児	合否の分かれ目はここだ！中学受験で合格する子，涙をのむ子	四教科の苦手克服法
12月号	男児・女児	0歳から始めなくても大丈夫　潜在能力を引き出す育脳メソッド　脳科学からみた早期教育の疑問点	地頭を良くする方法／難関突破に必要な幼児期の体験

2005年創刊号～2014年12月号より作成

付表3―3 『FQ JAPAN』特集記事・子どもの能力向上・父親の育児参加関連記事一覧

	特集記事	子どもの能力向上関連記事	父親の育児参加関連記事
06年 12月号 (創刊号)	父親を楽しむ　BE A COOL DAD		DAD LIFE IN LONDON　妻だけに子育てを任せるのはフェアじゃない
07年 3月号 (Vol.2)	父子で楽しむスポーツ30		DADの最新愛され法則
6月号 (Vol.3)	週末の自然派お出かけ　父親はHERO		スーパーDAD養成講座
9月号 (Vol.4)	DADの「選択」	「本物に触れることで，自主性と創造性を育てる」―ソニー教育財団とモンテッソーリの教育方法から子育ての方法を探す―	スーパーDAD養成講座
12月号 (Vol.5)	男の育児はこう変わる　知らなかったじゃ済まされない，2008年新スタンダード	子供の心身の発達を最大限に高める育て方 「やりたいのに，できない」子供に教えるのは感情的になりにくい父親に向いている	スーパーDAD養成講座
08年 3月号 (Vol.6)	今日のパパはいつもと違う！そんな週末空間	マイペース型DADが育む子供の社会性（汐見稔幸）	戦うワークライフバランス
6月号 (Vol.7)	自然の中でキミを見ていたい　BOURNE TO BE WILD		父親は遊びの達人
9月号 (Vol.8)	子供の将来は，父親の賢さ次第	自立した子供を育てるモンテッソーリ教育とは　短時間でできる絆づくり，それが「浴育」	スーパーDAD養成講座
12月号 (Vol.9)	世界一のパパになる！家族に愛される三原則		DADのための参考書
09年 3月号 (Vol.10)	THE JOY OF PARENTING　やっぱり育児は楽しい！	父子のホットケーキ作りで子供の「脳が活性化」!?（監修 脳科学者 川島隆太）	ワークライフバランスを始めるならまず「自分時間」の確認
6月号 (Vol.11)	パパの得点力アップ　夏のおでかけ攻略ガイド		大切なことは，パパと自然が教えてくれる
9月号 (Vol.12)	妻を恋人にする。育児だけじゃない！　父親の新マニフェスト		スーパーDAD養成講座
12月号 (Vol.13)	父親の，目線。家族を幸せにするモノ選び。		父親として直面する10の大きな壁
10年 3月号 (Vol.14)	最新イクメン白書　大切な「家族時間」デキる父親はどうしてる？今こそ，時間を家族に投資する。		
6月号 (Vol.15)	WILD DAD　自然派イクメン宣言　ネイチャー体験で家族の「幸せ力」アップ↑	子供の創造力を伸ばす野遊びアイディア	
9月号 (Vol.16)	イクメンって，なんだ？366人が大激論。今こそ知りたい「イクメンの条件」	育て方次第で子供はいくらでも伸びる！子供が天才になる方程式	「イクメン」を自認するものは“テーマ”を持って子育てすべし
12月号 (Vol.17)	愛妻術。たまには，2人きりになってみる。	脳を育むアウトドアで生きる知恵を！	日本イクメン委員会
11年 3月号 (Vol.18)	最強の父親　家族を守れる男たちの無敵スタイル	子供は「冒険」で学ぶ	「ファザーリング・ジャパン」とは？
6月号 (Vol.19)	イクメンの必修科目		男が「父親」に覚醒するための10の処方箋

	特集記事	子どもの能力向上関連記事	父親の育児参加関連記事
9月号（Vol.20）	愛される父親の行動パターン		寝かしつけの達人
12月号（Vol.21）	男にしかできない育児55	父子の遊びに必須なのは「創造性」／親父の教育は「現場」から始める	乳児期でも男ができる10のこと
12年3月号（Vol.22）	WLB　家族時間を作る技術。	家育（ウチイク）コレクション子供が伸びるモノ選びを	イクメン対談
6月号（Vol.23）	子供が育つ！父子の冒険＆挑戦	「父子の冒険＆挑戦」が子供の成長にもたらすものとは（監修者 教育心理学者 三宮真智子）	イクメン養成講座
9月号（Vol.24）	ぶれない父親はかっこいい。男は生き様で育てるべし！	子供に自信をつけさせるメンタルトレーニング	
12月号（Vol.25）	イクメン改造プロジェクト “勘違いイクメン”になっていないか!?		イクメンリサーチ
13年3月号（Vol.26）	最新イクメンギア攻略ガイド	精巧さを極めた本格的トイで好奇心を育む	イクメンのための政策講座
6月号（Vol.27）	子供とソトに，出かけよう。	これからの育児と「ソトイク」	
9月号（Vol.28）	「育ティブ」という新スタイル。	初トライの連続が親子をたくましくする！父子旅	
12月号（Vol.29）	イクティブスタイル「愛妻」編 夫婦の距離感		イクメンたちの家での過ごし方をチェック
14年3月号（Vol.30）	ワークライフバランスが鍵！ 妻は仕事で輝けるか!?	脳科学おばあちゃん久保田カヨコ的　脳に良い「砂遊び」のススメ	夜泣き対策講座
6月号（Vol.31）	BACK TO NATURE!! 我が子と自然に還ろう！	自然の中での「原体験」がわが子の地頭を鍛える	赤ちゃんの無防備肌を守るのは父親だ！
9月号（Vol.32）	父親が考える早すぎない「教育」	知っておきたい海外の教育理論	広げてみよう！「パパ友の輪」
12月号（Vol.33）	夫婦のカンケイ		イクメン心理学入門

2006年創刊号～2014年12月号より作成

注

（1）本章で取り上げた雑誌編集者インタビューの概要は次の通り。調査方法：半構造化インタビュー（雑誌創刊の経緯と社会的背景、編集方針、読者層など）。『プレジデント Family』二〇一〇年三月二六日、於プレジデント社、聞き手 高橋・天童。『日経 Kids+』二〇一三年一〇月二一日、於日経BP社、高橋・天童。『FQ JAPAN』二〇一四年三月二七日、アクセスインターナショナル社、高橋。ご協力いただいた編集者の方々に、記して感謝申し上げる。

第4章　新自由主義下の再生産戦略とジェンダー
――「子ども・子育て」という争点――

教育伝達と文化的再生産の諸場面には、格差を生み出す権力の配分と統制の原理がある。文化伝達の営みとしての育児もまた例外ではない。第1章でみたように、育児戦略は親や家族の個別的・私的な事柄にとどまるものではなく、社会に構造化された再生産のメカニズムと深くかかわっている。

本章では、現代日本の育児状況、育児言説の転換点に注目し、主に一九九〇年代以降の政策的動向の変化と育児・教育にかかわる再生産戦略の変容を取り上げる。とくに少子化のインパクトと子育て支援のポリティクス、家庭の教育力の強調といった育児言説の変容を注視し、新自由主義下における子ども・子育ての争点化を論じる。また言説実践と権力作用とのかかわりから、二〇〇〇年代以降の再生産戦略の個人化とジェンダー体制の再編について述べる。

1　ジェンダー化された育児言説

子どもを産み育てる営為は、ジェンダー化された生活構造、社会・文化構造に深く埋め込まれた権力と統制の作用とかかわって、ジェンダー化された身体とそれにまつわる言説、すなわち性役割、女らしさ、母性といった事柄と結びつけられやすい。

ジェンダー gender とは「社会的・文化的につくられた性別」を意味し、「女／男」という象徴的カテゴリーに基づく性の二分割が、非対称な社会関係に埋め込まれた差異化のメカニズムの根源であることを示す枠組みである。一九六〇年代後半から七〇年代の欧米におけるフェミニズム・女性学の展開から生み出されたジェンダー研究は、日本でも一九八〇年代以降さまざまな学問領域で注目され、取り入れられてきた。

現実の生活世界には多様で複合的なジェンダーの非対称性、性差別、ジェンダー関係に起因する軋轢、葛藤、困難がある。とりわけ、産む性としての女性性の強調は、育児の担い手としての母役割と強固に結びつき、ジェンダー化された言説は母親を縛るだけでなく、男性を育児の世界から遠ざけてもきた。しかし、ジェンダー化された育児言説とそこに潜むヘゲモニックな統制は、育児の担い手である親自身にも容易には気づかれない。

日本における育児言説の事例として、母性神話、三歳児神話を見れば、性別役割分業を前提に、育児の主要な担い手としての母のカテゴリー化（配分ルール）があり、高度経済成長期には「子どもが幼いうちは母の手で」との言説が、学問的主張と政治・経済的意図が重なり合って生成され（再文脈化ルール）、正当化され、日常生活に浸透した経緯がある（評価ルール）。

現代の育児状況においても、親たちが抱える子育ての困難の背景には、ジェンダー化された育児状況がある。「父親の育児参加」言説と実際の育児関与との距離、子どもをめぐる問題の家庭責任論と秘かな母役割の再強化、経済活動における「女性の活躍」を標榜しながら、それを容易には実現させないケア（子どもの世話や介護）の現実など、社会に構造化された「子育ての困難」とジェンダー問題が見えてくる。

2　少子化のインパクトと「子育て支援」言説

少子化の社会問題化

日本の育児状況を振り返ると、一九九〇年代は大きな転換点であった。その契機は「一・五七ショック」（一九九〇年）に象徴される少子化の社会問題化と、その後の「少子化対策」「子育て支援」の展開にある。

日本の出生率は、長期のスパンでみればすでに大正期（一九二〇年代）からゆるやかな低下傾向にあった。戦中期の「産めよ殖やせよ」、戦後のベビーブーム期の上昇、その後の出生率の急激な低下を経て、高度経済成長期から一九七〇年代前半までは、一九六六年の丙午《ひのえうま》の年（合計特殊出生率は一・五八）を除き、合計特殊出生率はほぼ人口置き換え水準（二・〇八〜二・〇九）前後で推移していた。七〇年代半ばからは低下傾向が続いたものの、一九七〇年代から八〇年代は高齢化が社会の重要課題とされており、出生率の低下への危惧や少子化への関心は今ほど高くはなかった。

一九九〇年に、前年の合計特殊出生率一・五七が発表されると、丙午の年に記録した低出生率を下回る低い数値を記録したことで、マス・メディアはそれを「一・五七ショック」と表現し、出生率の低下という少子化現象は、一気に社会問題として認識されるようになったのである。少子化のインパクトは家族政策、育児政策にも影響を与え、この時期を境にいくつかの政策的転換と言説の変容が起こった。すなわち、少子化対策としての「子育て支援」言説の登場である。

「子育て支援」のポリティクス

一九九〇年代の家族政策、育児政策の方向転換を示す事例として、「子育て支援」の政策化の過程をみていこう。

日本において子育て支援が政策として本格的に始動するのは一九九四年の「エンゼルプラン」からとみるのが一般的である（汐見編 2008）。一九九四年一二月「今後の子育て支援のための施策の基本的方向について」（「エンゼルプラン」）が文部、厚生、労働、建設の四省大臣合意によって策定された。このプランは、①少子化への対応の必要性、②我が国の少子化の原因と背景、③子育て支援のための施策の趣旨および基本的視点、④子育て支援のための施策の基本的方向、⑤重点施策、の五つの柱から構成されており、少子化への強い関心と懸念が計画策定の背景にあることがわかる。この計画には概ね一〇年間を目途として取り組むべき基本的方向と重点施策が盛り込まれ、「子育てと仕事の両立支援の推進」「家庭における子育て支援」「子育てのための住宅および生活環境の整備」「ゆとりある教育の実現と健全育成の推進」「子育てコストの軽減」の五項目が基本的方向とされた(1)。

日本の育児政策は長年、子育ては「母親や家庭の責任」として保育予算抑制の立場をとってきたが、九四年一二月「緊急保育対策等五カ年事業」が策定され（大蔵、厚生、自治の三大臣合意による）、低年齢児保育、延長保育、一時的保育の充実、地域子育て支援センターの設置など、子育て支援のための基盤整備を盛り込む政策への方向転換が図られた。

九〇年代には、育児休業法の施行（一九九二年、のちに育児・介護休業法）、上述のエンゼルプランの策定（一九九四年）、厚生省による少子化対策キャンペーン（一九九九年）、新エンゼルプラン（二〇〇〇年）と、矢継ぎ早に少子化関連の育児政策が展開されていく。そして二〇〇三年の少子化社会対策基本法、同年の次世代育成支援対策推進法と、相次いで少子化対策、次世代育成にかかわる法律が成立した。

このような少子化・子育て支援策の拡大は、就労と子育てを両立しうる社会環境整備の促進とみなすこともできる。しかし、過去の政治・経済状況とのかかわりで具現化された育児政策の経緯をみれば、この素朴な捉え方には留意が必要であることがみえてくる。

戦後日本の育児政策・教育政策——私事化とジェンダー化

戦後日本の育児政策、家族政策の変遷は、私事化とジェンダー化のプロセスであったと要約できる（天童 2007）。とりわけ高度経済成長期以降、性別役割分業体制の維持・再生産を促す政策的動向が顕著となった。一九五一年の児童福祉法改正では、保育所への入所の要件に「保育に欠ける」の語句が挿入され、「母親が保育できない状態」であることが入所基準とされた。これは「母親による家庭での育児優先」を前提として、公的な育児支援を限定化する傾向の表れといえる。また六〇年代には、配偶者控除制度の発足（一九六一年）、児童扶養手当法（一九六二年施行）、学習指導要領の改訂により中学校に技術・家庭科新設（女子は家庭科、男子は技術科）（一九六二年）と、政策的に、生産領域と再生産領域のジェンダー分割が推し進められていく。学校教育では、一九七〇年に高校家庭科が「すべての女子に家庭一般を履修させるもの」とされ、男子にはその時間の対応教科として体育があてがわれた（一九七三年実施）。これは、生産／再生産領域のジェンダー分業に対応した教育課程のジェンダー類別の具現化に他ならない。

このような性別役割分業型の家族・教育政策が、一九六〇年代に本格化する日本型経営戦略と合致していたことはよく知られている。戦後復興をなしえた日本の経済界の次なる課題は、国際競争力をつけることであった。そこで当時の池田内閣が目指したのは、効率性と生産性を上げるための性別役割分業体制、すなわち、基幹労働力としての男性（夫）と、家事・育児を無償でこなす再生産領域の担い手としての女性（妻）の組み合わせであった（天童 2007：66）。

一方で、一九七〇年代には子どものケアをめぐって、新たな動きもあった。保育所の施設整備の改善要求、ケアの質保障の議論、男性保育者の法的認知（いわゆる「保父制度」発足）と、「ケアラー（ケアに携わる人）としての男性」の保育領域への参入も進み始めた。

世界的には、一九七〇年代から八〇年代は国際女性年（一九七五年）、国連総会での女性差別撤廃条約の採択（一九七九年）といった動向があり、一九八一年、ＩＬＯの家族的責任を有する労働者に関する勧告一五六号、一六五号では「男女を問わず家族的な責任をもつ労働者が差別をうけることなく働くことを可能にし、職業生活と家庭生活の両立を図る」ことが目指された。ここにワーク・ライフ・バランス型社会に向けた方向の萌芽を読みとることもできる。

とはいえ、八〇年代の日本の保育環境は厳しいものであった。保育所の数は全国的には一定水準に達していたものの、八一年のベビーホテル乳児死亡事件を契機に、無認可保育施設の悲惨な状況が明らかにされ、行政による無認可保育所への立ち入り調査権限を設けるなどの児童福祉法改正が行われた。そのころから、日本の家族、育児、さらには学校教育を取り巻く社会状況は「自由で競争的な市場原理」の色合いを強めていくことになる。

3　新自由主義は家族と育児になにをもたらしたか

新自由主義《ネオリベラリズム》は、政府の役割を最小限にとどめ、企業活動の制約を取り払うことにより、経済を活性化させようとする政治・経済的政策のことである。近代以降の資本主義に基本的なイデオロギー、すなわち自由で競争的な市場経済に基づく経済過程を自然の秩序とみなす考え方であり、七〇年代後半から八〇年代にかけて、イギリスのサッチャー政権、アメリカのレーガン政権、日本の中曽根政権といった、新自由主義推進型の政府が次々に登場した。

経済地理学者ハーヴェイ Harvey, David によれば「新自由主義とは何よりも強力な私的所有権、自由市場、自由貿易を特徴とする制度的枠組みの範囲内で個々人の企業活動の自由とその能力とが無制約に発揮されることによって人類の富と福利が最も増大する、と主張する政治経済的実践の理論である」。そして国家の役割は、「私的所有権を保護し、市場の適正な働きを、必要とあらば実力を用いてでも保障するために、軍事的、防衛的、警察的、法的な仕組みや機能をつくりあげる」ことであるという（Harvey 2005＝2007：10–11）。

また、経済学者の伊藤誠は、日本において一九八〇年代以降とられてきた新自由主義的政策が、市場原理による個人責任の強調によって、政府の公的支援を減らし、とりわけ医療費や教育費の個人負担を増やしてきたこと、さらに、市場経済そのものが、歴史的に男性優位の経済システムとして展開されてきた側面を指摘する（伊藤 2006）。

このような流れのなかで、出産、育児、介護、教育、医療等、市場原理に解消しえないケアにかかわる領域は、主に家庭のなかで女性が担うべきとされ、公的支出の関心の外に置かれてきた。その一方で、一部のケア領域や教育分野では市場化・商品化が進み、ケアや子どもの教育について、個人と家族の「選択」の文脈で自己責任を強化していったのが、九〇年代以降の日本の育児と教育の政策的動向である。

一九九〇年代の「少子化のインパクト」とポスト近代家族

やがて一九九〇年代、少子化のインパクトは子育て支援政策にも影響を与え、いくつかの方向転換をもたらした。主な点として、①男女ともに取得できる育児休業制度の成立、②家庭保育重視の原則から、「子育ては家庭と社会のパートナーシップへ」の変化、③保育所を市町村が決定する「措置」方式から、保護者が希望の保育所を選べる「選択」方式への変化、そして④「父親の育児参加」の政策的後押し（「育児をしない男を、父とは呼ばない」キャンペーン、一九九九年厚生省）などが挙げられる。

それ以前の保育政策では主に「生活のために母親が働かざるを得ない子ども」のための枠組みで進められがちであった保育が、エンゼルプランの登場以降「子育てと仕事の両立支援」のための施策、子育ての社会的支援のための普遍的施策として位置づけられた（椋野・藪長編 2012：15）とする見方もある。

少子化のインパクトは、一九九〇年代以降の日本の育児支援策の転換につながり、保育対策事業、ワーク・ライフ・バランスへの注目、父親の育児参加の推進、「パパ・ママ育休プラス」（二〇一〇年）[2]など、母親の育児支援のみにとどまらない方向性が見えてきている。

ただし、福祉の領域における規制緩和の徹底と市場主義には、常に留意が必要である。人々の生活の維持・再生産に必要なものとサービス供給をすべて「市場のコントロール」に委ね、人々の抱える生活問題を基本的に「家族による私的努力」と「市場による選択」によって解決できるとする、競争のインセンティブ（誘因）論は、「選択の自由」を行使できる人間像を前提とする（浅井 2000：28–30）。しかしながらその実態は、選択の自由の範囲自体が、企業・事業体・行政が用意した「枠づけ」された選択肢を超えるものとはなっていないのではないか。

少子化対策についていえば、「少子化社会対策基本法」（二〇〇三年）には、国民の責務として「家庭や子育てに夢を持つこと」が挙げられたほか、不妊治療への言及も含まれている。また「次世代育成支援対策推進法」（二〇〇三年）で示される「父母その他の保護者が子育てについての第一義的責任を有する」との基本認識には、「育児は家族が行うべきであるという自明の前提」があり、現代の構造的な育児問題や男女平等の視点は見えない（舩橋 2006：57）との指摘は重要であろう。

少子化対策という国家規模での人口再生産戦略が、「子どもを産み育てる」当事者としての個人、家族にいかなる意味をもつのかを、リプロダクティブ・ライツ（性と生殖に関する権利）の観点からも注視せねばならない（第6章参照）。

加えて、九〇年代以降の「父親の育児参加」を強調するキャンペーンなどは、参加する父親が言説レベルで正当化されても、現実にはそれを担えない仕事中心の生活構造のなかで、父親自身が葛藤を深める状況になりかねない。実際、男性の育児休業取得率は依然として低い（育児休業取得率＝男性二・三〇％、女性八六・六％、二〇一五年「平成二六年度雇用均等基本調査」速報版）。働く女性の現実も厳しく、不安定雇用の増加、「育休切り」、マタニティ・ハラスメントといった再生産の保障とは程遠い現状がある。さらに、ひとり親家庭への子育て支援の手薄さの背後には、両親が揃った家族こそ「健全」とする暗黙の家族イデオロギーすら透けて見える。

このような社会状況のなかで、「子育て支援」として打ち出される施策が、だれのための、なんのための「支援」として作用しているのかが、常に問われなければならない。子育て期の親の多様な「現実」に寄り添い、子ども自身の「育ちの保障」を支えるものとして機能する子育て支援のあり方が求められよう。

「家庭の教育力」と家庭責任論の強調

一九九〇年代は、もうひとつの文脈においても、子ども・子育てが「争点」となった時期であった。それは、家庭の子育て責任の強調、「家庭の教育力」言説の登場である。

九〇年代は、子どもの権利条約の批准（一九九四年）、子ども虐待問題の顕在化と虐待報告件数の急増、少年の逸脱・非行への注目など、子ども・子育てをめぐる諸問題に社会のまなざしが注がれた時期である。同時に、それらの諸問題の根源にあるのは「家庭のしつけや教育力の低下」ではないかとの論調が目立つようになった。

政府（旧総理府）が行った世論調査（一九九三年）では、「最近は家庭のしつけなど教育する力が低下している」と思う人が七割を超え、その理由として、①過保護、甘やかし、過干渉（六四・九％（複数回答））、②しつけや教育に無関心な親の増加（三五・〇％）、③学校や塾など外部の教育機関へのしつけや教育の依存（三三・一％）、④親子がふれあい、共に行動する機会の不足（三三・二％）、⑤子どもに対するしつけや教育に自信がもてない親の増加（三〇・四％）といったことが挙げられている（「青少年と家庭に関する世論調査」一九九三年）（広井・小玉 2009：46）。

こうした世論の動向を背景に、政府は家庭教育に踏み込んだ提言を行った。九六年の中央教育審議会（中教審）第一次答申では「子供の教育や人格に対し最終的な責任を負うのは家庭であり、子供の教育に対する責任を自覚し、家庭が本来、果たすべき役割を見つめ直していく必要がある」との「家庭責任論」の文言が見られる。また、家庭における教育の問題として、過保護、過干渉、育児不安とともに「しつけへの自信の喪失」が挙げられ、「しつけに当たって考えるべき基本的な事項」の提言がなされている。

九〇年代後半は、神戸で起きた連続児童殺傷事件（一九九七年、犯行は一四歳の少年）ののち、九八年の中央教育審議会での答申のタイトルは「新しい時代を拓く心を育てるために――次世代を育てる心を失う危機」と、「心の育成」が問題視された。家庭のしつけと教育力は、社会的・政策的課題として注視されるようになっていった。

家庭の教育力、家庭のしつけ責任への政策上のまなざしは、具体的な教授的言説（どう子どもを育てるか）を社会秩序の維持という規制的言説に埋め込むかたちで、すなわち国家政策や法制度、規制として、強固な統制のプロセスを貫徹していくのである。

二〇〇〇年代に入ると、少子化のインパクトを背景に、総合少子化対策である「少子化対策プラスワン」（二〇〇二年）、「少子化社会対策大綱」（二〇〇四年）、「子ども・子育て応援プラン」（二〇〇四年）の策定など、「子育てを社会で支援する体制づくり」の政策化の動向が活発化した。少子化社会対策大綱（内閣府）では、少子化の背景には核家族化や都市化による家庭の養育力の低下があるとされ、「家族の絆や地域の絆の強化」が挙げられるなど、少子化現象と、家庭責任論や「家庭の教育力」言説が、巧みに結びつけられている。

家庭の「しつけ機能の不全」を前提に、家庭の教育力、親役割を認識せよとの政策の方向は、二〇〇六年の教育基本法改正において明文化された。それまでの教育基本法（一九四七年）にはなかった家庭教育の条文を新たに設け、「父母その他の保護者は、子の教育について第一義的責任を有するものであって、生活のために必要な習慣を身に付けさせるとともに、自立心を育成し、心身の調和のとれた発達を図るよう努めるものとする」（第一〇条一項）と記された。子どもの教育にとっては親が第一義的に責任をもつべきものと、家庭教育の位置づけと意味が明確に規定されたのである。

「家庭の教育力」言説の背景

九〇年代の世論調査にみたように、二〇〇〇年以降の調査でも「最近は家庭のしつけなど教育する力が低下している」と感じる割合が高いことが示されている。二〇〇一年の「家庭の教育力再生に関する調査研究」（国立教育政策研究所）では子どもをもつ親のうち、二五歳から三四歳の若い世代の半数以上、四五歳から五四歳の高年世代の七割が「家庭の教育力が低下している」と回答している。

総務省の二〇〇六年の調査でも、「子育てや教育の現状について問題だと思うこと」について、親の回答で高かったのは「家庭のしつけや教育が不十分」（五九・九％）、「地域社会で子供が安全に生活できない」（五八・三％）、「メディアから子供が悪影響を受ける」（五〇・〇％）である（「低年齢少年の生活と意識に関する調査」二〇〇六年）。

しかし、親子のコミュニケーション不足、学校へのしつけ依存、育児不安、過保護といった親の養育態度への批判的な見方が強まった九〇年代以降、実際に家庭で子どもとコミュニケーションがうまくとれない親が増え、子どものしつけ力が減退し、しつけに熱心ではない親が増えたのかといえば、そうとはいえないことを示すデータもある。

上述の「青少年と家庭に関する世論調査」（一九九三年）では、一八歳以下の子どもがいる人に「家庭での親子間での話し合いやふれあいの機会」を尋ねたところ、「十分ある」（三三・二％）、「ある程度ある」（五六・八％）を合わせて九割が肯定的な回答をしていた。この割合は七九年調査における同じ設問の結果と大差のないものであった。また「しつけや教育のしかたがわからない」「子どもにどのように接してよいのかわからない」（三・〇％）など、親がしつけ方そのものへの不安を感じている割合はかなり少ない。

二〇〇一年の「家庭の教育力再生に関する調査研究」（国立教育政策研究所）では、子どもが幼児期のときどのようなコミュニケーションをとっていたかという設問で、若い世代の親では「子どもの感動を受け止めて一緒に感動する」（九〇・六％）、「幼児期のとき抱き寄せたりスキンシップをする」（九五・八％）など、大多数の親が子どもと密接なコミュニケーションをとっていたとの結果が示されている。むしろ、高年齢の親世代より、若い世代の親のほうが子どもとの密接なコミュニケーションをとっているとの結果であった。

しかしながら、親の役割を強調し、個々の家庭の責任と教育力を問題視する育児言説が、弱まる気配はないようだ。二〇一一年五月に設置された「家庭教育支援の推進に関する検討委員会」の設置要綱（生涯学習政策局長決定）によれば、設置の趣旨には「社会動向を踏まえた家庭教育支援のあり方について、国として一定の整理を行い、示していく必要がある」とし、さらに「その促進にあたっては児童虐待の増加など、家庭をめぐる問題の複雑化や、少子化といった喫緊の社会的課題を踏まえる必要」があると述べられている。この文脈からは、あたかも、望ましい家庭教育ができない親が多く、「家庭の教育力の低下が見られるので、親こそが教育の責任者だということを自覚して家庭教育にあたってもらいたい」という、国にとっての家族観や親の役割観が浮上する（木村 2012：21）。

青少年犯罪などの「社会問題」が構築され、「家庭はもっとしっかり子どもを教育すべき」との言説が飛び交うなかで、「子どもや若者が引き起こす（とされる）社会問題に関して家庭の責任を問う流れ」は、いっそう強化され、教育基本法改正において法制度上の結実をみたとの指摘もなされている（木村 2008：16）。

4 「父親の育児参加」言説と呼びかけの実践——個人化と主体化のパラドクス

育児言説の変容において特筆すべき点である「父親の育児参加」言説の高まりと政策上の変化は、一九九〇年代に訪れた。

本書の前半でみたように、「父親の育児参加」がメディア言説にひんぱんに登場するのは一九八〇年代半ば以降であり、九〇年代の育児雑誌は、育児に「協力する」父親から、「夫婦二人で子育て」というパートナーシップ的協同育児がメディア言説の主流となっていった。九〇年代は、『父子手帖』(一九九四年)、『MEN'S Balloon』(妊娠・出産情報誌『Balloon』の男性向け情報誌、一九九五年)など、父親の育児参加、ケア役割を分かち合う「新しい父親」像がメディアにおいても広がりを見せた時期といえる。

この時期の社会動向をみると、八〇年代半ば以降は、社会におけるジェンダー平等への関心が高まった時期でもある。市民運動としての「父親の育児する権利」主張の先駆けとなった「女も男も育児時間を！連絡会(育時連)」の活動をはじめ、男女の働き方、生き方の見直しにつながる社会運動の動きもあった。国家政策の面では、男女雇用機会均等法の制定(一九八五年)、育児休業法の施行(一九九二年)、男女共同参画社会基本法の成立(一九九九年)と、「固定的な男女の分業体制の見直しと、育児と仕事の両立支援」が課題として浮上し、「男も子育て」言説は、ジェンダー平等の視点ばかりでなく、政策動向においても次第に正当性を帯びていく。

九〇年代半ばには夫婦共働き世帯が「稼ぎ手である夫と無業の妻の組み合わせの世帯」（いわゆる専業主婦世帯）を上回った。とはいえ、女性の就労と、男女のケアワークの分かち合いとは結びつかない現実もあった。男性の育児休業取得率は極めて低く（一九九九年　〇・四％）、また就労時間はちょうど育児期にあたる三〇歳代で長時間労働が続いていた。この傾向は二〇〇〇年代も引き続き見られる（『男女共同参画白書　平成二七年版』二〇一五年）。雇用者全体の平均総実労働時間は減少したものの、それは非正規雇用の増加によるところが大きく、一般労働者の年間総労働時間は二〇〇三年以降も、二〇〇〇時間超で高止まりし、とくに男性の三〇歳代～四〇歳代では四人に一人が週六〇時間を超える長時間労働が常態化している（湯沢・宮本 2008）。「子育てする父親」像と子育てしたくてもできない父親の育児現実との乖離は依然として存在する。

呼びかけの実践と父の困難

一九九〇年代末、厚生省（当時）は、「育児をしない男を、父とは呼ばない」キャンペーンを実施し、「父親の育児参加」を呼びかけた。このキャンペーンは少子化対策の一環として行われたものである。では二〇〇〇年代の父親の子育て現実はどのようなものであったのか、筆者らが保育園児をもつ父母を対象に行った「働く父母の育児意識調査」(3)の分析の一部を紹介したい。

同調査の回答者である父親たちは、「父親の育児参加」言説の広がりのなかで「呼びかけられた」世代である。彼らの自由回答から、比較的ジェンダー平等志向の強い父親（「父母ともに育児と仕事に同じようにかかわるのがよい」との意識をもつ父親）の記述を紹介しよう。

「父親の育児参加は、当たり前のことだと思っているが、社会的にはまだ積極的ではないように思える。もっと仕事、育児が男女平等に扱われる社会になればよい。」

（二〇代後半　子ども一人　妻常勤）

「父親の育児参加がよく言われており、以前に比べれば父親が育児に多くかかわる家庭も増えてきているとは思うが、制度的なものが整備されても、男は仕事、女は家庭と考える人も多く、子育てにかかわることに対して不安や限界を感じてしまうことがある。」

（三〇代前半　子ども三人　妻常勤）

「もっと多くの時間、子育てに関与したいと思いながらも、仕事の都合、付き合いもあり、十分な時間がとれていないのが実情。会社は昔から変わらないように思える。」

（三〇代後半　子ども二人　妻常勤）

「父親の育児参加」という呼びかけの実践（言説実践）は、個人を呼びかけに応えさせることで「主体」に変える（序章、第**1**章）。「主体化」された個人は、自らがもつ自由な主体という観念を、自身の物質的な実践の諸行為のなかに刻み込んでいく。とはいえ、「父親の育児参加」に自ら応えようにも、それを現実化するだけの時間、職場環境、家族以外の社会システムの整備が十分ではなく、父親たちの葛藤は「個人化」される（天童 2007）。

日本の育児状況は、母だけでなく父親をも子育ての担い手として「主体化／従属化」することで、再生産戦略の個人化の加速という時代を迎えているように思われる。

言説実践と権力作用――ペアレントクラシー時代の子育てのゆくえ

本章で論じてきたように、育児言説は、主体を編成する権力として作用し、とりわけジェンダーという文化的カテゴリーの象徴支配と関連する。

二〇〇〇年代は、子育て支援政策の具体化とともに、ワーク・ライフ・バランス、父親の育児参加を促す取り組みなど、少しずつではあるが「ケアラーとしての男性」の認識と具体化が広がる契機となった。この点はジェンダー平等な子育てに向けての前進ととらえられよう。

他方、「我が子の育児に関与し、子どもの教育への関心を高める父親」像にはもうひとつの側面があることにも留意が必要である。「教育する父親」として、父母ともに我が子の「よりよい子育て」に集中する、ペアレントクラシー時代の育児戦略、再生産の個人化戦略の強化という現実である。

ペアレントクラシー parentcracy は、親の意欲と財が子どもの教育達成を左右するイデオロギーを意味する（Brown 1990：天童 2004b：134–138）。メリトクラシー型の「学力」評価から、ペアレントクラシー時代の「人間力」への変化は、教育の市場化、商品化、グローバルな競争社会とも関連し、子どもの全人格的統制の再強化とも結びつく。すなわち、新自由主義下の（教育・福祉を含む）全商品化社会の到来と再生産戦略の変容を示すものである。

しつけの型が社会全体で明示的なものであった時代から、現代は、しつけの「型の喪失」（柴野編 1989）、いわば、「しつけのポストモダン」の時代となったといえるかもしれない。「決まった型」にはまらない子育てにおいては、「自由で自立的」な子育てが志向されるが、その「自由」とは「枠づけ」された自己「選択」に限定されてはいないだろうか。そのような状況下では、親の子育て責任が強化され、ペアレントクラシー時代の子育ての閉塞（我が子の子育てに集中する教育家族の再強化）に陥ることも考えられる。

かくして、社会化エージェント（親）の依拠すべき規範（しつけの型）が後退しているだけに、かえって社会化エージェントの枠づけが強まり、子どもはエージェントの「濃密なまなざし」（第**5**章で詳述）に常にさらされる。そしてそれは、子どもへの見えない統制の強化となっていくのである。

バーンスティンが「目に見えない教育方法 invisible pedagogy」の概念によって示したのは、社会における集団本位から個人本位への移行が必ずしも自由な社会の出現を意味しないという支配・統制のパラドクスであった。子育てのなかの支配・統制の作用は、よりいっそう潜在化して日常生活の奥深くにまで侵入することによって隠されるという現代社会のジレンマ、すなわち、自由で個人本位になるほど、統制が秘かに強化される「見えない統制のパラドクス」を浮き彫りにするのである。

（天童睦子）

注

（1）家族政策、育児政策の展開については、厚生白書、厚生労働白書、少子化社会対策白書（各年版）等を参照。なお、少子化については清水編（2004）、「家庭の教育力」については、広井・小玉（2009）に詳しい。

（2）両親がともに育児休業をする場合の特例として、育児休業の対象となる子の年齢について、原則一歳までから原則一歳二カ月までに延長される制度のこと。男性の育児休業取得を促進する目的とされる（厚生労働省HPより）。www.mhlw.go.jp/topics/2009/07/dl/tp0701-1o.pdf

（3）「働く父母の育児意識調査」（二〇〇五年）は保育園児をもつ親（父母）を対象に、東京都内の民間保育園七カ所の協力を得て五五〇組に質問紙を配布し二六七組の有効回答を得た（回収率四八％）。同調査の回答者の平均年齢は母親三四・九歳、父親三六・八歳、子ども数は一・八人（天童・石黒2006）。

第5章　住まいの教育的編成言説の変容
――「開かれた住まい」のパラドクス――

1　住まいの教育的編成言説の誕生

「住まいを教育的に編成すべき」という規範は、一九〇〇年代初頭（明治期後半）には、家庭教育啓蒙書や建築指南書といった書物において言説化され始めていた。そこで主張されていたのは、住まいにおいてプライベートな空間を子どもに与えることがいかに大きな教育効果をもたらすか、すなわち、子ども部屋を与えるか否かで、子どもが後々立派な人物となるかが左右されるということであった。

子女に一定の居室を與《あたふ》ることとは、教育上甚だ価値ある幾多の方案を提起するものなり〔中略〕自分の事は自分自ら之を為すというたのもしき気象と共に、自ら物を大切にし整頓を好み秩序を愛（ママ）するの気風を養成することを得べく、従つて彼の長じて独立不羈《どくりつふき》の大人物たるに至らしむる根底も、また實に此の辺に存するものと知るべし。

（竹島茂郎『我家の新家庭　模範教育』一九〇五年、宝文館、三七頁）

「個室」を子どもに与え、そこで子どもの健全な成長を促そうとする／促すべきであるとする、つまり、住まいに教育的意味を付与する「まなざし」は、日本の近代化過程と近代家族の成立と軌を一にして生成され続けてきた。

戦後、子どもに個室を与えることに教育的意義をみいだす「まなざし」は、多くの家族へと浸透した。新中間層を牽引役としたマイホーム主義の台頭により、「人は子どもが居れば子ども部屋を与えるのが当然」と思うようになり、また、「子ども達も自分の部屋を欲しがる世の中となった」（外山編 1985：8）。

ところが、近年、「教育的見地からして、子どもには個室を与えることが望ましい」とする「子ども部屋称揚言説」は、その自明性を揺るがされ、これに代わる新たな言説が支配的な位置を占めようとしている（高橋 2011）。その支配的言説は、個室からの子どもの解放を称揚する点に特徴がある。本章では、住まいにおける仕切りを取り払ったオープンな居住空間を重視する住まいを「開かれた住まい」と呼び、子ども部屋のような家族成員のプライベートな空間を重視する住まいを「閉ざされた住まい」と呼ぶことにする。

では、「子ども部屋称揚言説」に代わる新たな言説の台頭は、家族内の性別役割分業や親子関係のあり方に、どのような変化をもたらすのであろうか。

明治期から現代に至る住まいの教育的編成の言説空間を再構成し、その変容が意味するものについて考察することが本章の目的である。本章の構成は、次の通りである。第2節では、本章のフレームワークとなる、序章において概説されたバーンスティンの「教育言説論」における鍵概念「再文脈化」「教授的言説／規制的言説」について詳述する。第3節では、一九〇〇～二〇一〇年代における住まいの教育的編成の言説空間において、テクストの「脱配置 delocate」「再配置 relocate」の過程を経て、新たな住まいの教育的編成のあり方を称揚する言説空間がどのようにうち立てられてきたのかについてみていく。最後に第4節では、住まいの教育的編成をめぐる新たな言説が、親から子どもへの「まなざし」をどのように変えようとしているのか、また、そのことが階層の再生産にどのようにかかわりうるのかについて考察する。

2　教育言説と再文脈化

バーンスティンによれば、あらゆる社会の根底には、正当な言説の生産・配分・再編成・伝達―獲得という「ペダゴジックな過程」が横たわっているという。意識・行動様式のシンボリックな統制は「ペダゴジックな過程」を通じてなされていくが、この過程において中核的な役割を果たすのが「教育言説 pedagogic discourse」である（序章参照）。バーンスティンがその理論展開において "educational discourse" というタームを使用しなかった理由は、「教育言説」が社会のペダゴジックな過程と深くかかわっていること、また、単なる「教育について述べられたテクストの総体」について論及しているのではないことを示すためであったと考えられる。

バーンスティンは自らが提示する「教育言説」の概念について、以下のように定義している。

教育言説は原理であって、言説ではない。それは、教育言説の選択的な伝達と獲得のために、他の諸言説が領有され、互いに特別な関係がもたらされる原理である。教育言説は、言説の流通と再秩序化のための原理である。

（Bernstein 2000：32　引用者訳）

バーンスティンは、このような原理を「再文脈化 recontexualization」と呼び、「教育言説」は、再文脈化の原理そのものであるとする。

では、育児言説が同時に「教育言説」であるとは、どういうことなのだろうか。たとえば、ある研究者が、「日本古来の伝統的な育児行動こそが、子どもにとって最も有益である」という説を正当化するために、自らの論文のなかに欧米の子育てのあり方を否定するデータを盛り込んだり、自らの実験調査データを組み入れることによって伝統的な子育ての良さを実証的に強調したりするということが考えられる。これは、いくつかのテクストを、自らの論文の正当性をうち立てるために、つまり、「自らの秩序化のために」、諸テクストを「選択的に再配置」する「再文脈化」（Bernstein 1990）に他ならない。育児言説は、古来行われていた慣習的育児行動に関するテクスト、母親同士の日常的なやり取りから編み出された育児の工夫に関するテクスト、発達心理学の最新の研究成果に基づいた育児行動に関するテクストなど、ローカルな領域や知的領域において生産されたテクストがさまざまに組み合わせられたり、排除されたりすることによって、言い換えれば、さまざまなテクストが再配置・脱配置されることによって編成される「教育言説」である。バーンスティンは、その慧眼により、テクスト同士のさまざまな組み合わせによって「言説の秩序化」がなされていくという言説編成の「原理」ないし「コード」をみいだし、それを「再文脈化の原理」として概念化したのである。

「教育言説」を「再文脈化の原理」としてとらえることには、言説編成の原理それ自体の「恣意性arbitrariness」を明るみに出すという意義がある。バーンスティンによれば、「教育言説」は、「それが再文脈化するどんな諸言説によってもアイデンティファイされない」(Bernstein 1996＝2000：85)が、このことの含意は、「教育言説」が唯一固定化された指示対象をもたないということである。つまり、「教育言説」とは、それ自身の絶対的な中心をもたない言説なのであり(高橋 2004a)、それは諸テクストの絶えざる再配置・脱配置の過程そのものであるといってよい。「教育言説論」が開示するのは、「再文脈化」の「恣意的性格」をふまえつつ、さまざまなテクストのうち、あるテクストが領有(再配置)される一方、あるテクストが排除(脱配置)されることで、特定の「正しい言説」の秩序化がなされる過程を明らかにしていくという分析視角である。

さらにバーンスティンによれば、「教育言説」は、「規制的言説 regulative discourse」と「教授的言説 instructional discourse」からなる。「規制的言説」とは、「社会秩序の言説」「秩序と関係とアイデンティティを創出する言説」である。一方、「教授的言説」とは、「さまざまな種類のスキルとそれらの相互関係の言説」である(Bernstein 1996＝2000：82)。

バーンスティンによれば、「規制的言説」が「教授的言説」に対して優位な位置を占めるという。以上の議論から、「教育言説」は次のように書き表すことができる。規制的言説が分母に位置づいて

$$\text{教育言説} = \frac{\text{教授的言説}}{\text{規制的言説}}$$

いるが、これは「規制的言説」に「教授的言説」が埋め込まれる関係にあることを示している（Bernstein 1996: 46-47）。

このような「教育言説」の概念化の含意を理解するために、具体的な例で考えてみよう。たとえば、小学校一年生が教室で初めて国語の授業を受けたとする。そのとき担任教師は、「はい、皆さん、ちゃんと前を向いて、先生の話を聞いてください」などと言うだろう。このとき、担任教師から児童への言葉かけは、子どもたちに、学校で授業を受けるさいに必要となるルール・規範を身に付けさせ、教室の秩序を維持する「規制的言説」となる。こうして子どもが「児童」というアイデンティティを形成した後に初めて、担任教師は国語の教科書を開き、知識・スキルの伝達、つまり、「教授的言説」を行使することが可能になる。教室における知識・スキルの伝達（＝「教授的言説」）は、「規制的言説」によって教室の秩序が創出されて初めて可能となるのであり、「規制的言説」が「教授的言説」に対して優位な位置を占めるというバーンスティンの主張は、この意味において理解できよう。

教室における教師―児童間の相互作用は、このように「教育言説」の視点から記述することができる。バーンスティンの「教育言説」の概念化の意義は、文化伝達という営みが、常に何らかの道徳的秩序を基盤として展開されるという事実を明るみに出したという点にある。

では、この議論は、「書かれたテクスト」に対してどのように援用することができるだろうか。バーンスティン自身は、フーコー派の言説分析が着目する「書かれたテクスト」の分析において、

「教育言説」の概念を具体的にどのように援用していくのかについて言及していないが、育児雑誌の記事分析において「教育言説論」を援用した例がある（高橋 2004a）。試みに「教育言説論」を「書かれたテクスト」に援用するならば、たとえば、グローバル化する社会における教育論のあり方を論じるものについて、世界を股にかけて活躍できる国際感覚をもった人材育成の重要性を説く「規制的言説」に、子どもの意欲・主体性を重視した体験型の教育活動を称揚する「教授的言説」が埋め込まれた「教育言説」をみいだす、といった分析が可能である。次節では、以上の議論を下敷きに、「住まいの教育的編成言説」を「教育言説」としてとらえ、その変遷を検討していくことにしよう。

3　住まいの教育的編成言説の変遷——問い直される「子ども部屋」

近代家族の発明品としての子ども部屋——一九〇〇〜一九四〇年代

一九〇〇年代から一九八〇年代までの住まいの教育的編成の言説空間においては、「子供室」（現代でいうところの子ども部屋）の必要性を説くテクストが支配的であった。以下では、家族成員個々のプライバシーを確立するために住まいに個室を設けることを重視し、子ども部屋（子供室）の設置を教育的視点から正当化する言説を、「閉じられた住まい」称揚言説と呼ぶことにしたい。

まず、一九〇〇年代初頭に生産された「閉じられた住まい」称揚のテクストからみていくことにしよう。「子供に興味を持たせるには、また何よりも子供自身をしてその部屋を楽しきものに経営させねばなりません」（羽仁もと子『家庭教育の実験』一九〇八年、家庭之友社、九六頁）、あるいは「兎に角これが子供の部屋であると定めて置くと、子供はその部屋について責任を持つて、始末するといふ考えを自然と養ふやうになる」（鎌田賢三『千円以下で出来る理想の住宅』一九一八年、鈴木書店、一五七頁）といったテクストにあるように、子供室の設置を正当化するために「再配置」されるのは、「子どもが自分の管理すべき空間を認識するようになり、結果として子供室を与えられた子どもの自律心が向上する」というロジックである。そして、親は、子どもの教育のために、「暑からず、寒からず、一家中最も好い場所に子供の室を特設する事を考へ」（中村秋人『涙と鞭──児童教育』一九一〇年、実業之日本社、一四〇頁）る「主体」となる。

もっとも、一九〇〇年代から一九一〇年代にあって、子供室は多くの人々にとって縁遠い、「新奇（モダン）」な「装置（アパレイユ）」（森 1993）とみなされていた。「出来るならば、矢張り子供にも一の部屋を與へて」（前掲羽仁、九五頁）や、「日本の家庭には、子供の部屋と云ふものが出来てゐない」（前掲中村、一三九頁）、あるいは「相當に進んだ考へを持つている人達でも、家屋を建築する場合に子供のことを忘れて了ふのが常」（前掲鎌田、一五七頁）といったテクストにあるように、子供室の必要性が説かれてはいるものの、それはまだ中流家庭の住まいにおいて不可欠な空間とはみなされていなかったのである。

一九二〇年代に入ると、住まいのあり方を変革しようという提案が積極的に行われるようになる。そうした動きを牽引したもののひとつが「生活改善運動」である。この運動の中心人物であった経済学者・教育者・文化生活研究家として知られる森本厚吉は、「生活の改善をして新時代に適応した文化生活を営まなければならない」と主張し、「文化生活研究会」を一九二〇（大正九）年に組織した。

さらに森本は、同様の意図をもって、一九二二（大正一一）年に「文化普及会」を設立した（柏木 2004: 222-223）。

「生活改善」は、国家的課題と位置づけられていた。一九二〇年、文部省は、「生活改善同盟会」という外郭団体を組織して欧米的な生活への一本化を志向し、「住宅の間取設備は在来の接客本位を家族本位に改めること」を改善項目にあげた（柏木 2004: 119）。

接客などの外的関係＝社交を重視した間取りから、内的関係＝家族中心の間取りへと住まいの建築パラダイムが変容していくなかで、子ども部屋は、住まいにおいて絶対的に必要であると説くテクストが目立つようになる。たとえば、「完全にして欠陥無き子供部屋を有せざるものは、以つて家庭と云うべからず」（四方木麻二『劣等児を秀才に』一九二一年、新光社、六六頁）や、「子供のある家庭に於いて」は、「応接室や客間を造らなくとも、これ（＝子供室——引用者注）だけは作らなければなりません」（主婦之友社編『中流住宅の模範設計』一九二七年、主婦之友社、二〇頁）と主張するテクストがある。

また、子どものための居住空間の設計にあたっては、「子供室だからと云つて、唯だ子供の這入る部屋だけ造ればよいと云ふやうな、簡単な早合点」（芹澤英二『新日本の住家』一九二四年、アルス、一四一頁）をすべきではなく、「子供の欲するがままに、往くがままに任せた、謂はば子供だけに許された一つの王国を造り與へると云ふ根本の目的」を達成することが目指された。あくまでも、子供室の設置は、「子ども本位」「子ども中心」に考えられるべきで、「正に子供の自由を認め、子供本来の自然さを害はず、発達をさまたげない」（前掲芹澤、一四二頁）ために、子供室が設けられるべきであるという。子どもが子どもらしく生きられるようになることを称揚する児童中心主義のテクストが再配置され、子供室設置の必要性が正当化されていくのである。

一九三〇～四〇年代の家庭教育啓蒙書においても、子供室設置の必要性が繰り返し説かれていく。子供室は、「幼児の遊戯室ぐらゐに考へ」られてはならず、「一般中流住宅には贅沢なものなどと、誤り考へ」られてはならないとされ、子供室は中流家庭に必須のものと位置づけられる。そして、「壁へ楽書《マヽ》きをしたり、人形や馬や、へのへのもへじなど、少しぐらゐの彫刻をしてしまつても、放任しておけるものとし、飽くまで子供本位の部屋といふ主旨を、徹底させたい」（主婦之友社編『初めて家を建てる人に必要な住宅の建て方』一九三一年、主婦之友社、七九―八〇頁）との主張がなされる。

子供室を設置するのは、子どもの自由を最大限に尊重するためで、「とにかく子供の自由に活動の出来る天地を家庭のなかのどこかに定めてやること」（尾高豊作『子供の愛育読本』一九三六年、刀江書院、二六頁）が必要であり、「所謂周囲の不自然な圧迫から遠ざかり、子供の自由になる天地を與へて、其生まれながらに持つ個性を、最も完全に発揮せしめる事」が子供室設置の「主眼点」（木檜恕一『私の工芸生活抄誌』一九四二年、木檜先生還暦祝賀実行会、六八―六七頁）であるとして、児童中心主義に基づいて、子供室の教育的効用・意義が説かれる。

「家族の民主化」の指標としての子ども部屋――一九五〇～一九八〇年代

戦時体制下においては労働と再生産に寄与する「食寝分離と就寝確保、夫婦の寝る場所の確保」を謳った「最小限住宅」の供給が議論され（松山・上野 2006）、子ども部屋設置の意義を説くテクストはほとんど姿を消していく。

その後、再び「閉じられた住まい」称揚言説が登場するのは、一九五〇年代以降である。それは、戦後の家族の民主化・近代化という新しいロジックを再配置・再領有して編成されていく。たとえば、「家族の共同生活場しか与えていなかった」伝統的日本家屋は、「家族の人格を無視し、夫婦関係を軽視した封建的な家長専制的家族制度に則つた家生活の営み」の場であるとし、そこでは「近代的な意味での個人の生活に対する配慮など全くなされていなかった」と主張するテクストが登場する（塘一郎『これからの住生活――住居と住まい生活』一九五二年、彰国社、九六頁）。

「〔子ども部屋は――引用者注〕子供のための部屋であるから勉強に都合のよい場所を選ぶ必要がある（中略）成長して上級学校に進んでは勉強室ともなり私室ともなる、此の意味における部屋とするのがよい」（笹治庄次郎『すみよき住居の設計』一九五〇年、地球出版、三二一―三二三頁）というように、住まいに子ども部屋を設置することの教育的効用・意義を説くテクストが繰り返し生産されていく。また、「子供の世界からみた幸福は完全に自分の意志が働く場所をもつことで、その意味で一人一室が最高の理想ということができます。今日の子供室を大人からみれば、子供らはその中で自由に個性をのばし、新しい希望をみいだしているようです」（吉家光夫『すまいの設計』一九五九年、社会思想研究会出版部、三一一頁）として、子ども本位の立場から、子どもが完全に思いのままになる空間を確保することが称揚される。

一九六〇年代以降も、子ども部屋の設置を称揚するテクストが繰り返し生産されていく。「合理的に生活が営めるように工夫するのと同じく、子どもたちにも独立した場所をつくるということ」が必要であると説かれ、また、「生活の基本条件として、人格の独立ということを考えないことには、真の民主的な人格は形成されない」（荻野富雄『すまいの増改築』一九六五年、大泉書店、四七頁）という主張がなされるなど、民主的な社会にふさわしい人格形成の場として子ども部屋の重要性が説かれる。

一九七〇年代から八〇年代もまた、子ども部屋称揚の時代であった。たとえば、「自立心を養うために、あるいは子ども自身が孤独になりたい時期のために、独立した部屋を与えるのがよい」と述べ、「日当たりや通風がよい部屋で、親からしっかりとその安全を見守られながら育ってゆく子どもは、それが過保護にならないかぎりどんなにか幸福なことだろう」（高田秀三『住いを考える』一九七三年、学芸出版社、一三二―一三三頁）として、子どもに個室を与えることを称揚するテクストがある。同様に、「親の監督の下から独立しようとする時期の子供にとって、親も立ち入ることのできない空間をもつことの意味は極めて大き」く、「一人一人の個性を何よりも尊重するとすれば、結局はしっかりとした個室を確保することに尽きる」（鈴木成文『住まいの計画・住まいの文化』一九八八年、彰国社、九七頁）として、個室を与えることが、子どもの健全な成長に不可欠であると主張するテクストがみられる。

問い直される子ども部屋の教育的意義と親の教育責任――一九九〇年代以降

住まいの教育的編成の言説空間では、一九八〇年代と九〇年代の間に「断層」がみいだされる。九〇年代以降、子ども部屋を否定する言説が顕著に厚みを増していくのである（高橋 2011）。たとえば、「誤った個室文化の導入が、家族という絆を崩壊させる原因」であると主張し、個室中心の間取りが家族のコミュニケーションを奪い、「今日、子どもたちの非行、登校拒否、家庭内暴力、不純異性交遊、校内暴力などをはじめ、多くの問題が氾濫」する原因となっていると説くテクスト（岡村精二『子どもをダメにしない住まい方』一九九一年、柏樹社、五四頁)。あるいは、「戦後民主主義の賜物か、子どもの自我を尊重する『子供部屋』が各戸に作られた」が、「その結実は、家族の崩壊を加速させるもの」であったとして、「子どもが何をしているのか、家族がいつでもわかる場所でなければ意味がない」ので、「子どもが親離れするまでは、いつでも目の届くところに置きたい」(土屋博幸「男の衣・住・食60の『掟』!! 子供部屋は快適にするな」一九九二年、『自由時間』四月号、二二一―二二三頁)と主張するテクストがある。

同様に、「現代の日本の住まいのほとんどは、玄関から直接各自の個室に入れる間取りになっていて、気密性も高くなって」いるため、「家族や来客とのコミュニケーションもなく、気配でのコミュニケーションも期待でき」(浜口和博『プロも見落とす家づくりの急所――気づかなかったでは済まされない!』一九九二年、ニューハウス出版、四四頁)ないとして、既存の住まいの編成は、家族メンバー間の断絶をもたらすと主張するテクスト。さらには、「勉強も遊びも、子ども部屋というひとりだけの世界をつくってしまうと、子どもにとって最初で最大の大人であるはずの、家族との十分な対話の機会を失ってしまう危険性が大きい」(若杉三千生『住宅リフォーム相談室――住まいの増改築、改善が改悪にならないためのアドバイス住まいのQ&A』一九九五年、中部経済新聞社事業局、二三八頁)として、子どもに個別化された空間を与えることが家族のコミュニケーションを奪うと主張するテクスト。同様に、子ども部屋を与えることによって、「子供たちはどんどん居間から離れ、家にいる時間のほとんどを個室で過ごすようになり」、結果として「家族の団欒は以前よりも減っていった」ことを指摘し、「家族が顔を合わせなくても暮らしていけてしまう」(犬飼浩子『家を建てるあなたへ――丈夫で心地よい住宅の秘密』一九九九年、日経ＢＰ企画、三九―四〇頁）住まいのあり方の妥当性を問うテクストがある。

さらに、「子ども部屋＝少年犯罪・ひきこもりの温床」という、子ども部屋問い直しのロジックが、二〇〇〇年代において繰り返し登場する。たとえば、「ちょっとドアを開けて入っていくこともできない部屋。そういう腫れ物の「子供部屋」をつくることが、少年犯罪増加の一因となっているように思えてならない」（天野彰『「いい住まい」の本――住む人が幸せになる家・後悔しない家』二〇〇〇年、ＰＨＰエディターズ・グループ、一九六頁）と主張するテクストや、「戦前の家は障子やふすまで仕切られており、「臨機応変に対応できる間取り」であったとして、戦前の日本家屋を称揚し、戦後の「スペースを無駄にしないという〝効率優先主義〟が生んだ間取りが、家族からコミュニケーションを奪い、親の目を届きにくくし、非行、引きこもりなどを起こしやすくしてしまう」（横山彰人「こんな『間取り』が子供を壊す」二〇〇四年、『女性セブン』六月号、五四頁）と主張するテクスト。同じく、「引きこもり、いじめ、自殺など、子どもにまつわるトラブル」と「間取りに重要な関連性があ」ると指摘したうえで、「昔ながらの日本家屋のように、間仕切りや個室の少ない融通のきく間取り」（四十万靖「家が豊かな子どもを育てます。住宅選びの新基準。子育てが成功する間取り」二〇〇七年、『saita』三月号、一一四―一一六頁）を推奨するテクストがある。

また、子どもの学力向上と間取りに関係があるという前提に立ち、「昔の暗記中心の勉強では、一人で集中できる空間が必要」だったが、「なぜそうなるのかの理解、そして音読に代表される対話の能力を重視」する現代の学習スタイルには子ども部屋は不向きであるとして、子ども部屋の機能をもう一度考え直す必要性を説くテクストなどがある（松本吉彦『二世帯住宅という選択――実例に見る同居の家

表5―1 「教育言説」としての住まいの教育的編成言説の変遷

1900 ～ 1940 年代：

教育言説	教授的言説＝閉ざされたプライベートな空間における学校知の獲得
	規制的言説＝子ども中心主義・自己管理能力をもった子どもの育成

1950 ～ 1980 年代：

教育言説	教授的言説＝閉ざされたプライベートな空間における学校知の獲得
	規制的言説＝家父長制からの解放・民主的な人格形成・子ども中心主義・個人主義

1990 年代以降：

教育言説	教授的言説＝開放的空間におけるコミュニケーション能力の獲得・子どもへの「監視」の強化
	規制的言説＝家族成員の結びつきの強化・少年犯罪／引きこもりの抑止・回顧主義（伝統的日本家屋の再評価）

族』二〇一三年、平凡社、六一―六三頁）。子ども部屋を問い直す言説は、住まいにおいて親が何に注意をすべきかという規範を作り出すことで、「親の教育責任」をよりいっそう強調するものとなっている。

「教育言説」としての住まいの教育的編成言説

以上の検討から、住まいの教育的編成言説が、さまざまなロジックをもつテクストを再配置・脱配置（再文脈化）することで「自らの秩序化」を成し遂げる、それ自体の絶対的な中心をもたない「教育言説 padagogic discourse」であることがわかる（Bernstein 1990；高橋 2004a）。

これまでみてきた住まいの教育的編成言説の変遷を、「規制的言説」に「教授的言説」が埋め込まれたものとしての「教育言説」の視点から整理すれば、表5―1のようになるだろう。

「開かれた住まい」称揚言説は、「子ども部屋」を問い直すテクストを再配置・領有し、自らの編成における恣意性を覆い隠しつつ、正当性を確立してきた。かつて「真理」であるとされた「子ども部屋」の教育的効果は、十分な検証がなされることなく書き換えられ、その「真理」の位置を、「開かれた住まい」が占めることとなった。明治期から一九八〇年代までの「閉じられた住まい＝子ども部屋」称揚言説が、最初の住まいの「教育化 pedagogizing」――本来的には「住む」ということ以上の機能をもたないものとしての住まいに、「子どもを教育する空間」という意味を付加し、住まいを教育のための「装置（アパレイユ）」（森 1993: 13）へと再編すること――だとすれば、一九九〇年代以降、住まいは「開かれた住まい」称揚言説によって新たに「教育化」されたのだといえよう。

ジェンダー化装置としての「開かれた住まい」――母親役割の再強化

ところで、日本における住まいの歴史を紐解くと、住まいは常に「ジェンダー化」された空間であり続けてきたことがわかる。

戦前期の住まいは、「家」制度と結びついた「男の家」であった。「いろり端のある家」では家父長が空間と時間を支配していたのである。戦後、新憲法と改正民法によって「家」制度が廃止され、核家族の「家庭」のための容れ物として「茶の間のある家」を経て、高度経済成長期に「リビングルームのある家」が登場する（西川 1995）。

高度経済成長期は、いわゆる「マイホーム主義」が一般的な用語として定着していく時期であった。マイホーム主義は、戦後の日本社会が資本主義を基本体制とする高度産業社会へと向かう途中で形成されたもので、この用語の定着と浸透は、企業への帰属を介して、男性と女性がともに性別役割分業の固定を前提とした家族という単位へと編成されたことを意味した（山本 2014: 108–115；矢澤 1996）。

長時間労働によって男性＝父親の家庭滞在時間が短くなり、「ｎＬＤＫ」モデルの居住空間となって個室が増える場合も、子ども部屋の確保が優先で夫の書斎は後回しになるといった事象が生じ、次第に、家族の住まいのなかで父親の存在感は薄れていくことになった。その反面、「リビングルームのある家」は、母と子どもの生活空間となっていった（西川 1995）。

「ｎＬＤＫ」モデルは現在、住まいの間取りを表す記号として定着しているが、その起源は、戦前期に住まいにおける食寝分離と夫婦のプライバシー確保を企図した建築学の泰斗、西山夘三（一九一一～一九九四年）の住宅計画に遡ることができる。西山の住宅計画は、戦後、住宅の大量供給の必要性が高まるなか、ＤＫ形式を採用した核家族のための最小限住宅である「公営住宅標準設計Ｃ型」（一九五一年）において継承された（住田・西山文庫編 2007）。その後、「ｎＬＤＫ」モデルは、夫婦と未婚の子どもからなる「標準世帯」という「近代家族」の生活空間として定着していくことになった。上野によれば「ｎＬＤＫ」モデルは、「戦後家族の理想を実現した究極のモデル」であり、それは性別役割分業をはじめとする近代家族の規範を反映しているという（上野 2002）。

「ｎＬＤＫ」モデルは、家族成員のプライバシーを重視する意味で「閉じられた住まい」の典型とみなされてきた。一方、一九九〇年代以降主流となりつつある「開かれた住まい」では、子どもを「個室」という閉ざされた空間から解放することが企図されている。

空間の仕切りが取り払われた「開かれた住まい」において、母親は常に子どもたちの様子を観察しうる存在として位置づけられる。つまり、母親から子どもへの「まなざし」の濃密化が進むことになる。ここに、「開かれた住まい」における子どもの統制様式の変化をみることも可能であろう。

4 「開かれた住まい」と親子関係の変容

本章では、一九〇〇年代から二〇一〇年代にかけて、住まいの教育的編成言説がどのように変容を遂げてきたかをみてきた。最後に、「閉じられた住まい」と「開かれた住まい」における親から子への「まなざし」の違いをふまえつつ、一九九〇年代以降支配的となった「開かれた住まい」称揚言説が、親子関係にどのような変化をもたらすのかについて考察しよう。

住まいにおける親から子への「まなざし」の意味

かつて社会学者ブルデュー Bourdieu, Pierre は、「文化資本 cultural capital」について論じ、「文化資本」を、①客体化されたもの（モノとしての文化資本）、②身体化されたもの（ハビトゥスとしての文化資本）、③制度化されたもの（学歴や諸々の資格としての文化資本）の三類型に大別した（Bourdieu 1979 = 1990）。この類型化に照らし合わせるならば、「住まい」は、その物質性および世代間継承可能性から「客体化されたモノ」としての文化資本に分類される。しかし、住まいは単なる物質的性格をもったモノにとどまらない。「住まい」は、「客体化されたもの（モノとしての文化資本）」であると同時に、子どもを統制する装置として機能する。すなわち、それは「雨露をしのぎ、生存を維持するための基本となる空間であると同時に、とりわけ子どもにとっては社会統制の場」であり、「人々の行動を方向づけ、社会構造の再生産を促すハビトゥス（habitus）を体現している」（祐成 2007: 68）のである。

住まいとは、単なるモノではなく、そこでの生活を通じて子どもにハビトゥス（＝身体化された行動規範）の獲得を促す装置である。そのさい、親にとっての関心の的は、子どもがどのようなハビトゥスを身に付けたかである。住まいにおいて子どもは、たとえば、「子ども部屋では静かに過ごさなければならない」「子ども部屋では机に向かって学習をしなければならない」といったハビトゥスを、日々の生活のなかで獲得していくことが求められる。そうしたハビトゥスの獲得を促すのが、親たちの「まなざし」である。住まいは、子どもが望ましいハビトゥスを身に付けているかどうかを、親が「監視」する装置としても機能するのである。

「パノプティコン」としての「閉ざされた住まい」

「監視」という言葉から私たちが想起するのは、今や人口に膾炙したともいえる、フランスの哲学者・思想家フーコー Foucault, Michel による「パノプティコン panopticon」に関する議論であろう。「一望監視施設」と訳されるパノプティコンとは、中央に監視塔を置き、その周囲にいくつもの独房を円形または半円形状に配置した監獄で、各独房には、監視塔へと向けて窓が穿たれ、外からの光によって、独房の中の囚人は、監視塔の中にいる人物からよく見ることができるのに対し、独房の中からは、監視塔の中は暗くて見ることができない構造になっている。そのために、囚人は、監視塔の中に監視役がいようがいまいが、常に「自分は監視されているかもしれない」という意識をもつようになる（Foucault 1975＝1977）。

パノプティコンの特徴は、「規範の内面化によって行為を内側から抑制（禁止）する体制がとられ、道徳と規範によるガヴァナンスによって行為者の意図が規制」(三上 2010: 79) される装置である、という点にある。囚人はその空間で自由に振る舞うことが、物理的には許されてはいるが、実際に囚人として従うべき規範への抵抗が可能なのは、監視者から見られていないという保証がある限りにおいてである。見られていないという安心感を、ひとときも囚人に与えない仕組みであるがゆえに、パノプティコンは十全な監視装置として機能する。フーコーは、このような監視の仕組みが近代社会に遍在すると考え、そこに自らを内面から常時モニターして統制する「主体」の誕生をみたのだった (Foucault 1975＝1977)。

パノプティコンが必要とするのは、独房のような「閉ざされた空間」である。「閉ざされた住まい」における個室の子ども部屋は、パノプティコンにおける独房のアナロジーととらえることができる。というのも、子ども部屋を与えられた子どもは、母親がキッチンで料理をしていようが、父親が居間でくつろいでいようが、「子ども部屋にいるときは、机に向かって勉強をしなければならない」といった「規範の内面化」を促されるからである。子ども部屋において子どもは、親のまなざしを内面化し、自らを律して勉学に勤しむ「主体」とならなければならないのだ。

このように、パノプティコンの独房と「閉ざされた住まい」の子ども部屋における主体化のメカニズムには、相同性がある。しかし、両者の構造には違いもある。それは、子ども部屋が、外部の監視者＝親からの「まなざし」を物理的に遮断することが可能であるという点である。たいていの子ども部屋には、内部を覗くことが不可能な扉・ドアが設置されている。子ども部屋は親のまなざしから解放された空間であるがゆえに、そこで子どもはマンガを読んだり、ゲームをしたりして、「自由に」

逸脱＝抵抗することができる。「閉ざされた住まい」には、子どもが、親のまなざしから逃れる余地が残されているという点が、パノプティコンとの違いである。

身体から内面へ――「開かれた住まい」における親のまなざし

では、「開かれた住まい」の場合はどうだろうか。「開かれた住まい」は、「徹底した汎視可能性」をもつという点に注意しよう。「閉じられた住まい」と同様、「開かれた住まい」においても、子どもが自ら主体的に学習する姿勢を身に付けることが、親が求める「望ましいハビトゥス」の獲得となる。しかし、「開かれた住まい」においては、親のまなざしが最大限の効力を発揮しうるという点が、両者の違いである。親の「まなざし」、つまり、言語化されない親の願望や意図を子どもが内面化しさえすれば、親は「勉強しなさい」などの言葉かけをしなくてもよくなり、「子どもを見る」という行為だけで子どもを統制することができるようになる。[1]

「開かれた住まい」において視線を遮断する仕切りがないということは、必然的に親のまなざしが遍在化することを意味するが、子どもにとってみればそれは、親のまなざしを内面化する機会が増大することになる。「開かれた住まい」で生活する子どもにはもはや、――かつて子ども部屋という「閉ざされた空間」で生活する子どもが有していた――親の「まなざし」から逃れる機会、すなわち、逸脱＝抵抗の余地は残されていないのである。

「開かれた住まい」は、仕切りをできる限り取り払うことで、家庭における親の子に対する「汎視可能性」を増大し、親が子どもの身体をまなざす時間をかつてないほどに長大化することを可能にしている。「閉じられた住まい」における子どもの主体化の過程は、「内面から身体へ」であったが、「開かれた住まい」においてその過程は、「身体から内面へ」と転換する。身体や振る舞いを親からまなざされるという行為が先行し、その結果、子どもの内面が統制される。親のまなざしの射程は、子どもの「内面」から、「身体そのもの」へと移行するのである。

こうして「開かれた住まい」においては、親が子どもをまなざし、身体に直接働きかけることで、子どもの内面を外側から統制することが可能となる。この意味において「開かれた住まい」とは、「行為主体の意図ではなくモニター可能な行動」（三上 2010：79）に焦点を絞った監視を可能にするものといえよう。「開かれた住まい」によって、子どもは逸脱＝抵抗しうる身体と内面の自由を奪われ、親から見られ続けることでやがて親の教育意識に同調し、再生産に適合的なハビトゥスを獲得していくことになるだろう。

また、「開かれた住まい」は、「子どもというリスク」の回避にも寄与する。第３節でみたように、「開かれた住まい」称揚言説は、少年犯罪やひきこもりの防止に役立つという「開かれた住まい」の教育的意義を強調するテクストを「再文脈化」している。「開かれた住まい」称揚言説の増大は、神戸連続児童殺傷事件（一九九七年）をはじめとして、若い世代の、しかもいわゆる「普通」の子どもによる凶悪犯罪が起こった一九九〇年代から二〇〇〇年代と時期を同じくしている。マス・メディアがこうした少年犯罪をセンセーショナルに取り上げたことは、多くの親に、わが子もまた同じような事件を引き起こしてしまうのではないかという不安を抱かせることにもなった。予測困難な、リスク化した存在としての子どもを前にして、子どもの身体への直接的な統制を求めようとする親も登場している。[2]「他者の内面を推し量ることは難しいが、現れた行動は管理しやすい」。ゆえに、「標準的人間や基準を想定しにくい社会」では、身体への統制が、「社会統治の効率的手段」(三上 2010: 72)となるのである。

「開かれた住まい」のパラドクス

「開かれた住まい」は、親と子どもの間に横たわる権力関係・ヒエラルキーを隠蔽しながら、子どもが自然に学習する姿勢を身に付けることのできる装置として作動する。「開かれた住まい」を採用する親たちは、その「新しい監視様式」を存分に活かし、子どもの逸脱というリスクを回避しながら、かつてないほどに自然かつ効率的に、子どもを学校知識の習得に勤しむ存在へと主体化し、自らの「教育への意志」を貫徹させることができるだろう。

「開かれた住まい」は、一九九〇年代後半には新たな商品としての位置を確立し、消費者に受け入れられ始めている。ある大手ハウジングメーカーによれば、親子のコミュニケーションを深めるというコンセプトをもった「開かれた住まい」は、「現在まで七百五十棟売れており、契約者アンケートでも、六割以上がこの間取りを気に入って選んだという結果が出た」(「子供を救う子供部屋のつくり方 開放的な間取りで親子の対話を促そう」一九九七年、『AERA』一二月号、一〇頁)という。

もっとも、このような新しい監視様式を実現する住まいが、すべての人々に利用可能なわけではない。住宅の年収別購入状況(全国)をみると、注文住宅・分譲住宅の取得者は、世帯年収別で「四〇〇~八〇〇万円未満」が全体の約六割を占めており、世帯主の職業別では、「会社・団体職員」「会社・団体役員」「公務員」が全体の約八割を占めている（国土交通省住宅局『平成二六年度　住宅市場動向調査報告書』二〇一五年）。ライアン Lyon, David は、監視技術が居住地、家庭など毎日の生活に進出している今日の状況を「疑いの商業化」（Lyon 2007＝2011：96）と呼ぶが、商業化した新しい監視様式の利用可能性を左右する親の経済力の差異には注意を払う必要があるだろう。「監視社会をより有効に活用できるのは、守るべき多くのものを持ち、監視のデバイスにアクセスするチャンスと財力に恵まれた者達」（三上 2010：73）との指摘を重く受け止める必要がある。

「開かれた住まい」には、空間的には開かれ、社会的には閉じるというパラドクスがある。「開かれた住まい」は、その開かれた装いとは裏腹の、子どもを再生産の文脈に閉じ込め、階層を閉じていく、空間的な教育装置なのである。

（高橋　均）

注

（１）「開かれた住まい」は、メリトクラシー志向の家族の教育戦略に接合され、「頭のよい子が育つ家」として再配置されている。「開かれた住まい」での家庭教育を取材した雑誌記事では、「小学校低学年までは子ども部屋よりも、目の行き届くところで、伸び伸びと勉強させたいと考え」、子どもに勉強しなさいとは言わず、子どもが「自分で考えて、どうにかやっている」様子を見守る母親が取り上げられている（「頭のよい子が育つ『家』『間取り』『家族』」二〇〇六年、『読売ウィークリー』一〇月号、七八頁）。

（２）「開かれた住まい」に居住する親は、それを子どもというリスクを回避する教育的意義をもつ空間として意味づけている。「家全体がワンルームのように開放的」な間取りを採用した家庭を紹介する雑誌記事では、二〇〇〇年に新潟県で発覚した少女監禁事件などをきっかけに「子どもが引きこもってしまうような子ども部屋は避け、家族みんなで一緒に過ごせる場所」作りを意識したという親が取材に応じ、「居心地のいい子ども部屋にすると部屋にいる時間が長くなり、引きこもりを助長するのではと思う。それよりも、リビングなどを居心地よくして、家族が集まりやすい空間にしたかった」と答えている（「『引きこもり』防ぐ間取りをつくる　リフォームするなら、新築するなら」二〇〇五年、『AERA』九月号、四八頁）。

〈付記〉
本章は、高橋均「称揚される『開かれた住まい』――居住空間における子どもをめぐる新たな『真理の体制』の成立」（『子ども社会研究』第一七号、五五―六八頁、二〇一一年）をもとに大幅に加筆改稿したものである。なお、言説分析資料とした文献の書誌情報については、すべて本文中に記載した。

第6章　子どもという願望と再生産のポリティクス

――妊娠・出産情報誌からみえること――

1　妊娠・出産情報誌の登場

近年の生殖医療の展開は目覚ましく、出生前検査、卵子凍結、遺伝子診断といった事柄は、医療の場だけでなく広く一般の人々の関心を集めるものとなっている。このような生殖にかかわる新たな技術の利用者として想定されているのは、妊娠期の女性、あるいは妊娠を望む女性である。

雑誌メディアにおいて妊娠・出産情報誌の登場は、一九八〇年代半ばのマタニティ雑誌を始まりとするが、当時の誌面は、初めての妊娠・出産を経験する女性向けにわかりやすく産科医療や妊娠・出産の基礎知識を伝えるものであった。

第**1**章で概観したように、このような雑誌が読者層を獲得した要因のひとつには、「初めての経験」としての妊娠・出産の基礎知識と不安解消の情報が必要とされたことがある。核家族化の進行により身近に相談できる人が少ないことや、産科医療の進展に伴って、先行世代の出産経験が、「現代的」

お産には必ずしも当てはまらないと感じる女性たちの要望に見合う情報メディアが求められたのである。

さらに、一九九〇年代半ばには「妊娠を望む」女性向けに『赤ちゃんが欲しい』（バルーン編集部特別編集、主婦の友社）と題する雑誌が出版された。九五年から年一回のペースで発行されていた同誌は二〇〇一年から季刊となり、インターネットによる情報提供とタイアップしながら発行部数を保持している。『赤ちゃんが欲しい』の誌面には、そのタイトルが示すように「受精のメカニズム」「不妊原因」といった記事内容から、「全国子宝温泉マップ」といった「神頼み」に至るまで、妊娠を望む、あるいは不妊に悩む女性とカップル向けの誌面構成の徹底が図られている。

そこで本章では、このような妊娠・出産情報誌に注目し、とくに八〇年代型マタニティ雑誌の代表格『Balloon』（一九八六～二〇〇二年）と、妊娠情報の媒体のひとつ『赤ちゃんが欲しい』（二〇〇一～二〇一四年冬号）を取り上げ、特集記事の趨勢をみながら妊娠・出産情報誌が映し出す「再生産する身体」とその変容を論じる。また、九〇年代に創刊された妊娠・出産情報誌『たまごクラブ』に登場する読者像を取り上げる。マタニティ雑誌の言説実践の検討から見えてくるのは、産む身体の構築過程と、ジェンダー化された身体と権力作用のかかわりである。

2　妊娠・出産の医療化と再生産のポリティクス

少子化問題と再生産

再生産の意味は多義的である。とりわけ、生命の再生産 reproduction は、子育てという再生産労働、経済的・社会的分業の再生産、そして性別秩序の文化的再生産と不可分に結びついた、再生産戦略の一画と位置づけられる（天童 2004a）。

妊娠・出産という再生産の営為は、個人的事柄であるだけでなく、国家規模での人口再生産戦略と深くかかわるため、政治権力の直接的・間接的介入の場ともなってきた。戦時下の日本、また戦後の「優生保護法」の成立過程や「家族計画」の普及の経緯を紐解けば、産む性としての女性身体への公権力による管理統制の歴史を読み取ることができる（澤山 2013；荻野 2003）。

時代を経て、現代の日本においては少子高齢社会が問題とされ、とくに九〇年代以降は出生率の低下が将来的な労働力不足や経済成長の低迷、社会保障の破綻につながるとする国家的懸念が顕在化した。合計特殊出生率（TFR）は二〇〇五年に一・二六と最低値を示し、その後微増したものの、人口置き換え水準を下回る低水準が続いている（二〇一四年TFRは一・四二）。日本における出生率の低下傾向は一九七〇年代半ばからすでに見られたが、二〇〇五年には人口減少社会へと転換し、今後の人口予測の「急勾配の下り坂」は政策上、憂うべきものとみなされている（『平成二五年版　厚生労働白書』二〇一三年、四頁）。こうした政治状況のもとで、政府は二〇〇三年の「少子化社会対策基本法」の施行、「少子化社会対策会議」の設置、二〇〇四年の「少子化社会対策大綱」を経て、二〇一〇年の「子ども・子育てビジョン」、二〇一二年の「子ども・子育て支援新制度」といった諸施策を具現化してきた。

「少子化社会対策大綱」の冒頭には、未婚化・晩婚化とともに、結婚した夫婦の出生力が低下していることへの言及に続き、「いわゆる第二次ベビーブーム世代が、子どもを生み、育てる時期に入っているにもかかわらず、第三次ベビーブームが起こる気配はない」(「少子化社会対策大綱」二〇〇四年)と、人口減少への危機感が記されている。

第**4**章でみたように、日本の子育て支援策において、子どもを産み育てやすい環境整備の著しい立ち遅れに対して速やかな施策が必要であることはいうまでもない。しかしながら、子どもを育てる親や家族にやさしい社会システムの構築と、出生率低下を食い止めようとする国家的な人口政策とは、一線を画すべきものであろう。

妊娠・出産の医療化

とはいえ、近年の政策的動向にはしばしば、出生率の上昇と女性の再生産能力を関連づけるような文言が登場している。『厚生労働白書』(平成二五年版)では「年齢が上がると、妊娠・出産に関するリスクが上昇するとともに、妊娠しにくくなることが医学的にも明らかになってきている」との記述とあわせて、図表入りで「女性の年齢の変化による卵子の数の変化」「不妊治療における年齢別の出産率と流産率」が掲載され、年齢があがるにつれて卵子の数が減少し、妊娠しにくくなることや、流産の危険性が高まることが示されている（一〇六―一〇七頁）。

つまり、女性の妊娠時期の遅延が、不妊と結びつけられ、さらには少子化の遠因とされるのである。そこには、「女性は産む身体に自覚的になるべきであり、適切な時期に出産すべき」という医療的言説を用いた政治的見地が見え隠れする。

日本では晩産化が進行し、女性の三五歳以上での出産の割合は二〇〇〇年で一一・九％だったのが、二〇一一年には二四・七％と、出産する女性のおよそ四人に一人が三五歳以上という時代になった。また、結婚と出産がワンセットの意識が根強い日本においては、平均初婚年齢の上昇が晩産化に影響を及ぼす面はある。一方、男女が晩婚・晩産化に至る社会構造的背景や、ケア役割と賃金労働を容易に両立しえない社会・経済システム、家族に依存した福祉・教育の施策といった、これまでの社会が内包してきた「再生産」領域における諸矛盾の複合的要因をそのままに、加齢と妊娠・出産リスクを結びつける論調が一人歩きしてはいないだろうか。近年の妊娠の医療化、不妊の治療化を強調する言説の編成過程には、産むべき身体としての「女性の生殖機能」への医療的・政治的介入の正当化という「再生産」をめぐる政治的言説の存在は否めない。

もっとも、出産の医療化は昨今のことではなく、妊娠・出産が近代医療のシステムに組み込まれて久しい（舩橋 1994; 松岡 2014）。子どもを産む場所は自宅から医療機関に移行し、出産じたいが「自然な」営みから離れ、医療対象として位置づけられ、コントロールされるものとなってきた。この経緯を、助産のディスコースから医学的ディスコースへと整理したピット Pitt, Susan は、出産の正当な介助者はだれか、産む場所はどこか、出産で重視されることはなにかといった観点から出産のパラダイムの言説変容を指摘している（Pitt 1997）。助産のディスコースは、お産を生理的なものと位置づけて、自然の時間の流れに基づくプロセスを重視し、産婦は社会的存在とみなされる。他方、医学的ディスコースでは、産婦は臨床の対象となり、出産は時計の時間によってコントロールされ、医学的介入が自明視される。ただし、このような言説の対比は理念的なものであり、実際の出産の場面は生理的・医学的な要素が混じり合った形で存在している（松岡 2014：64-65）。

妊娠・出産の医療化の流れは、妊娠にまつわる意識も変容させた。子どもが「できる」という感覚から子どもを「つくる」時代への母親の意識変容（柏木 2001）に加えて、市販の妊娠検査キットの普及、超音波写真による体内（胎児）映像の認識などにより、妊娠という身体の変容じたいが「感じる」ものから「見える」ものに変化した面がある。そして医療領域における「胎児の可視化」を、一般の人々にいっそう身近なものとするメディアとしての役割を担ったのが商業ベースのマタニティ雑誌であった。

3　マタニティ雑誌の内容からみえること――『バルーン』から『赤ちゃんが欲しい』へ

選択としての妊娠・出産

一九八三年、日本で初めての体外受精児が誕生し（東北大学病院）、日本産科婦人科学会が生殖医療の方針を公表したころ（一九八五年「ヒト精子・卵子・受精卵を取り扱う研究に関する見解」）、市販の育児情報メディア分野では新しい展開がみられた。それが前述したマタニティ雑誌の創刊ブームである。八〇年代には『マタニティ』（一九八五年創刊、婦人生活社）、『P・and』（一九八五年創刊、小学館）、『Balloon』（一九八六年創刊、主婦の友社）、九〇年代には『たまごクラブ』（一九九三年創刊、ベネッセ）が刊行された。

一九八〇年代から九〇年代は、晩婚・晩産化が進行し、女性のライフコースとして自明視されていた結婚・出産が、この時期、次第に職業キャリアを視野に入れた「熟慮の対象」となりつつあった。それゆえ、多くの女性にとって「妊娠・出産期」はそれまでのキャリアをいったん降りても経験する、数少ない「ライフイベント」としての意味をもち、そのイベントを成功裏になすための情報資源のひとつとして、マタニティ雑誌は読者層を獲得していった面がある。

マタニティ雑誌の記事内容からみえること

ここでマタニティ雑誌の草分けのひとつ、『バルーン』（一九九八年『Balloon』から誌名変更）の記事内容から雑誌の特徴を見ていこう。この雑誌は育児雑誌『私の赤ちゃん』の姉妹誌として創刊され、最盛期の九〇年代前半には毎月の発行部数が二〇万部を超えた。

表6―1にまとめたように、定番の記事内容として、①妊娠・出産にかかわる医療記事、②妊娠期の母親の健康、体の変化、③胎児の発達関連が誌面の五割を占める。このカテゴリー別の特徴は年代を経ても大きな変化はない。ただし、記事の内容を丁寧にみていくと、「お産の進み方」「安産と難産の分かれ目」といった、出産にかかわる内容だけではなく、「不妊克服」（一九八九年九月号）、「不妊――最新科学療法と心理療法」（九〇年四月号）といった記事が比較的早期から盛り込まれていることがわかる。また出生前診断についても九〇年代には取り上げられ、ここに雑誌メディアの第一の特徴

表6－1 『バルーン』主な記事の内容別・年代別頻度（1986年11月号～2002年6月号）

記事内容 年代区分	妊娠出産	母親身体	子ども身体	胎教育て方	夫婦協働	セクシュアリティ	ファッション裁縫	食事	子育て環境	産院生活	家計	育児グッズ	名づけ	その他	計
1986－1989年	53 34.3	24 15.5	15 9.7	6 3.9	5 3.2	3 1.9	21 13.5	6 3.9	1 0.6	6 3.9	2 1.3	3 1.9	1 0.6	9 5.8	155 100.0%
1990－1994年	89 44.7	28 14.1	16 8.0	9 4.5	5 2.5	5 2.5	8 4.0	8 4.0	3 1.5	13 6.6	5 2.5	5 2.5	1 0.6	4 2.0	199 100.0%
1995－1999年	52 31.7	25 15.2	21 12.8	2 1.2	6 3.7	3 1.8	6 3.7	5 3.0	6 3.7	8 4.9	9 5.5	11 6.7	6 3.7	4 2.4	164 100.0%
2000－2002年	31 33.7	17 18.5	10 10.9	5 5.4	2 2.2	1 1.1	4 4.3	5 5.4	2 2.2	5 5.4	2 2.2	4 4.3	2 2.2	2 2.2	92 100.0%
カテゴリー別計	225 36.9	94 15.4	62 10.2	22 3.6	18 3.0	12 2.0	39 6.4	24 3.9	12 2.0	32 5.2	18 3.0	23 3.8	10 1.5	19 3.1	610 100.0%

「主な記事」とは，目次頁において相対的に大きく記事タイトルが示されているものを指す。上段記事数，下段％（以下同じ）
『Balloon（バルーン）』各号から天童作成

表6－2 『赤ちゃんが欲しい』主な記事の内容別・年代別頻度（2001年春号～2014年冬号）

記事内容 年代区分	妊娠に関する知識（妊娠のメカニズム）	妊娠成功談・体験談	母親の妊娠しやすい体質づくり	西洋医学（不妊症・不育症治療）	東洋医学（漢方）	男性不妊治療・体質づくり	セックス・性交	食事・料理	夫婦問題・悩み相談・男性の本音	子宝スポット旅行・風水	仕事と不妊治療の両立	家計・節約術・治療費用	著名人インタビュー・対談	計
2001－2004年	12 5.0	17 7.0	33 13.5	80 32.8	20 8.2	4 1.6	14 5.7	6 2.5	20 8.2	22 9.0	5 2.0	2 0.8	9 3.7	244 100.0%
2005－2009年	23 9.5	13 5.4	27 11.2	88 36.5	21 8.7	7 3.0	7 3.0	16 6.6	12 5.0	10 4.1	2 0.8	3 1.2	12 5.0	241 100.0%
2010－2014年	13 4.6	18 6.4	35 12.5	84 30.0	21 7.5	4 1.4	7 2.5	21 7.6	38 13.5	5 1.8	2 0.7	9 3.3	23 8.2	280 100.0%
カテゴリー別計	48 6.3	48 6.3	95 12.4	252 32.9	62 8.1	15 1.9	28 3.7	43 5.6	70 9.2	37 4.8	9 1.2	14 1.8	44 5.8	765 100.0%

『赤ちゃんが欲しい』（2001～2014年）各号から天童・高橋作成

表6—3 『たまごクラブ』主な記事の内容別・年代別頻度（1993年11月号～2014年12月号）

記事内容／年代区分	妊娠出産	母親身体	子ども身体	母親人間関係	胎教・育て方	夫婦協働	セクシュアリティ	ファッション・裁縫	食事	子育て環境	産院生活	家計	育児グッズ	名づけ	その他	計
1993－1994年	16 57.1	2 7.1	1 3.6	1 3.6	1 3.6	2 7.1	1 3.6	— 0.0	1 3.6	— 0.0	1 3.6	2 7.1	— 0.0	— 0.0	— 0.0	28 100.0%
1995－1999年	132 32.5	53 13.1	28 6.9	17 4.2	16 3.9	18 4.4	8 1.9	19 4.7	10 2.5	4 1.0	21 5.2	12 3.0	36 8.9	— 0.0	32 7.8	406 100.0%
2000－2004年	133 33.6	63 15.9	24 6.1	25 6.3	12 3.0	12 3.0	7 1.8	16 4.1	27 7.0	6 1.6	10 2.6	6 1.6	26 6.6	1 0.2	26 6.6	394 100.0%
2005－2009年	129 18.8	139 20.3	39 5.6	65 9.5	21 3.1	26 3.7	13 1.9	48 6.8	37 5.4	28 4.9	14 1.9	27 3.8	54 7.8	10 1.4	35 5.1	685 100.0%
2010－2014年	122 21.5	99 17.5	37 6.5	70 12.4	13 2.3	17 3.0	4 0.7	36 6.3	31 5.5	12 2.1	10 1.7	33 5.8	45 8.0	25 4.4	13 2.3	567 100.0%
カテゴリー別計	532 25.6	356 17.1	129 6.2	178 8.6	63 3.0	75 3.6	33 1.6	119 5.7	106 5.1	50 2.4	56 2.7	80 3.8	161 7.7	36 1.8	106 5.1	2080 100.0%

『たまごクラブ』（創刊号～2014年）各号から天童・高橋・加藤作成

としての速報性が見て取れる。

第二の特徴はビジュアル性で、「超音波でわかること」（一九八九年七月号）、「おなかの赤ちゃん成長図鑑」（一九九六年六月号）など写真入りの記事が目立つ。また「うちの子みて」（一九九五年八月号）、「超音波写真かわいいのばっかり」（一九九六年三月号）など、読者との相互作用を重視する育児雑誌メディアの特徴のもとに、「おなかの赤ちゃん」の「可視化」が進んだ。この傾向は、他の妊娠・出産期向け雑誌も同様で、「胎児ちゃん二八〇日追っかけツアー」（『たまごクラブ』一九九九年五月号）、「おなかの赤ちゃん成長追っかけレポート」（同、二〇〇八年二月号）といった記事はマタニティ雑誌の定番記事のひとつとなった。

第三に、マタニティ雑誌は妊娠期の女性のファッション情報の側面をもち、「ヒロイン妊婦宣言」（『Balloon』一九九五年一月号）、「おしゃれな妊婦生活」（『バルーン』二〇〇一年九月号）といった情報も誌面構成のひとつとなった。このような傾向は、『バルーン』（二〇〇二年六月号で廃刊）に替わって同年一〇月に創刊された『Pre-mo』（主婦の友社『Baby-mo』の姉妹誌、二〇〇二年創刊）にも色濃く引き継がれている（天童 2004c）。

妊娠の医療化とメディア情報

一方、二〇〇〇年代型妊娠・出産情報誌の特筆すべき点は、「妊娠を望む」女性向けの雑誌が登場したことである。『赤ちゃんが欲しい』には、「子宮美人ヨガで授かり体質に」「卵子を元気にするレシピ」（二〇一三年冬号）、「妊活戦略」「妊娠力アップ」（二〇一四年春号）、「妊娠力を上げる！ 体温生活これが正解」（二〇一五年冬号）といった文字が躍り、「おめでた」を望む女性向けの再生産する身体の情報提供メディアの様相を呈している。

ほかにも、産科医療、不妊治療の情報誌から始まった『i-wish ママになりたい』（丸善出版、二〇〇三年）など、産婦人科との連携のもとに不妊治療施設リストや地方自治体の助成制度窓口リストといった具体的な医療情報を盛り込んだメディアもある。他の雑誌メディアと同様に、この種の雑誌もインターネット情報とタイアップして最新の情報提供を行うことを謳っている。これらの誌面には男性の役割や男性の不妊治療の特集も掲載されてはいるものの、記事の中心は女性向けで、女性が「産むこと」に向けて準備する内容が主流であることが見て取れる。

『赤ちゃんが欲しい』の特集記事を整理すると（表6―2）、定番の記事内容として、①母になる身体の準備記事（例「体を温めて妊娠力アップ」）、②不妊治療にかかわる医療記事（専門医にきく体の気がかり）、③生殖補助医療、不妊治療の最新情報（年代別のアドバイス、クリニック選び）、④読者参加型誌面（「ベビー待ち中、励まし合って勇気をもらえる」等）が挙げられる。

このような「妊娠を望む女性向け」メディアが登場した二〇〇〇年代初頭、「妊活」の文言も耳にするようになった。「出生動向基本調査」（国立社会保障・人口問題研究所　二〇〇四）では「不妊の心配や治療経験の有無」について、四組に一組の夫婦が「不妊の心配」をしたことがあり、一三％が検査やなんらかの治療を経験していると回答していた。

総出生児数に占める体外受精による出生児の割合は、九〇年代には一％とされていたが、二〇一〇年は二・七％と高まっており、新生児のおよそ三七人に一人が体外受精という割合である。体外受精で生まれた子どもの数は二〇一一年には年間三万人を超え（三万二四二六人）、累計では体外受精で生まれた子どもが三〇万人以上との報道がある（日本産科婦人科学会の調査による。『読売新聞』二〇一三年一〇月三〇日）。

生殖補助医療の進化は、我が子を望むカップルにとっての切実な願望をかなえる「福音」と受け止められる場合も多い。そして産科医療と医学の進歩が出産の安全性を高め、多くの母子の生命を救ってきた意義は大きい。その一方で、妊娠・出産の医療化、不妊の治療化が進み、高度生殖技術到来の時代にあって、医療化による「身体の徹底した統制」のメカニズムが作動しかねない現実をふまえておかねばならない。「幸福な家族」像には「子ども」の存在が欠かせないといった「家族幻想」が入りこみやすい。また、柘植らが指摘するように「女性であれば子どもを産むのが当然であり、子どもを慈しむのが当然であるという共同幻想」のもとで、不妊治療の「支援」政策が、「〔女性ならば〕産む努力をすべきとする圧力」（柘植 2005：26, 2012）に転化しかねない面にも留意が求められる。

4　産む身体の構築――『たまごクラブ』の読者モデル体験記の分析から

『たまごクラブ』の「わくわく妊娠日記」

現代の社会において妊娠・出産に向き合う女性たちは、どのように描かれているのかを、妊娠期を対象とした雑誌の分析から検討しよう。

『たまごクラブ』は創刊以来、関連誌のなかでは群を抜く部数を発行してきた。『ひよこクラブ』とともに妊娠・出産・育児の一貫誌として「たま・ひよ」ブームを巻き起こし、一九九〇年代には毎月の発行部数は約五〇万部、二〇〇〇年代初めにも二〇万部を保持した。二〇一五年四月～六月期の発行部数は約八万三八〇〇部で（日本雑誌協会、二〇一五年）、他の育児雑誌メディアと同様に発行部数は減少傾向にあり、インターネット等にその位置を譲りつつあるものの、マタニティ雑誌のなかでも相対的に発行部数が多く、妊娠・出産情報誌の代表格である同誌の記事内容に注目することは、雑誌上の言説分析において意味をもつといえるだろう（表6―3）。

『たまごクラブ』創刊号（一九九三年）の巻頭の文章をみると、「はじめまして『たまごクラブ』はあなたとつくる雑誌です」「妊娠を知ったその日の気持ち。赤ちゃんが初めて動いた日の感動、そして不安。マタニティライフはいろいろあるけれど、この気持ちをわかりあえるのは、同世代の同じ妊婦さんではありませんか？　たまごクラブはそんな妊婦さん同士ならではの『役に立つ』『共感できる』情報交換を誌上で行っていきたいと考えています」とある。同誌の編集方針である、個々人で異なる妊娠のあり方や妊婦どうしの共感の重視という特徴が、ここに端的に確認できる。

『たまごクラブ』の記事で、本章で分析対象とするのは創刊初期からの連載である「わくわく妊娠日記」の二〇〇五年から二〇一四年までの各年三月、六月、九月、一二月号である。「わくわく妊娠日記」は、読者モデルを妊娠三カ月目から出産までの七カ月間継続して追跡し、妊娠期間の体の変化、日常生活、出産準備、出産の様子を、写真を多く使って紹介しており、毎号一〇～二〇ページを割いている。読者モデルを長期間追跡することを通じて、妊娠期のあり方を具体的に提示しており、いわば定点観測のように変化の描かれ方を追うことができる。以下では、登場する読者モデルの提示する妊婦像と身体についての記述に注目してその内容を追ってみたい。

読者モデルのうちわけ

まず、どのような読者モデルが選ばれているかを確認したい。読者モデルの募集記事欄には「地域のバランス、出産予定日などによって」選考するとあり、編集側が読者モデルを居住地域等で調整す

表6―4　「わくわく妊娠日記」読者モデルの年齢分布（人）

	19歳以下	20―24歳	25―29歳	30―34歳	35―39歳	40歳以上	合計
2005年	0	2	9	2	2	0	15
2006年	0	5	10	7	2	0	24
2007年	0	3	14	7	0	0	24
2008年	0	3	11	7	3	0	24
2009年	0	2	12	8	2	0	24
2010年	0	3	14	6	1	0	24
2011年	0	2	12	6	3	1	24
2012年	0	2	11	5	1	0	19
2013年	0	3	1	6	1	1	12
2014年	0	1	9	5	1	1	17
合計	0 0.0%	26 12.6%	103 49.8%	59 28.5%	16 7.7%	3 1.4%	207 100.0%

2013年までは「わくわく妊娠日記」，2014年は「マタニティDIARY」にタイトル変更
継続して取り上げられている読者モデルの年齢分布を示した
『たまごクラブ』2005～2014年3・6・9・12月号から加藤作成

るとある。こうした読者モデルの調整には商業誌として想定している読者像、社会で暗黙のうちに望ましいとされている妊娠のあり方も反映するとみることができる。

　読者モデルの年齢分布（表6―4）を見ると、二〇代後半が最も多く、続いて三〇代前半、二〇代前半、三〇代後半と続く分布は各年で共通しており、一〇代はいない（四〇代は二〇一一年と二〇一三年、二〇一四年に一名ずついる）。「わくわく妊娠日記」の読者モデルは二〇代後半が中心であり、三〇代後半以降は一割に満たない。こうした年齢分布は社会的・文化的に「望ましい妊娠」時期が規範として表れているとみることもできよう。ただし、二〇一三年には三〇代前半が読者モデルの年齢で最も多くなっている。この時期は、メディアで晩産化と不妊が大きく取り上げられるなど、年齢の高い妊婦への注目が高まった時期であり、それが読者モデルの選定に反映している可能性もある。

読者モデルのライフコースで目立つのは結婚か妊娠を機に退職したというプロフィールである。妊娠期にウォーキングやヨガ、手作りのジュースやパンなどで身体に心配りを怠らずにリラックスしている姿が多く紹介されるのが特徴で、こうした記事は「現在はたまごママライフに専念」（二〇一一年三月号、三〇歳妊娠九カ月）、「料理に手芸に主婦業を満喫中」（二〇一一年三月号、二八歳妊娠四カ月）といったプロフィールとリンクし、全体として妊娠期は退職・休職してゆったりと健康に気を配った生活をするものというメッセージを伝えるものになっている。

身体感覚の医療化

「妊娠に気づいたきっかけ、妊娠をどう思ったか」については、妊娠初期である三カ月目の読者モデルの欄で妊娠に気づいたときのエピソードが多く紹介されている。「いよいよ待望の妊娠です。今回はガッカリしないように、病院に行ってから（夫と）喜びを分かち合ったそうです」（二〇〇五年三月号、三四歳妊娠三カ月）、「上の子が2才になり、そろそろもう1人……、と思い始めていたある日、なんとなく胸のムカムカが続くので妊娠検査薬を使ってみたところ、結果は－（陰性）。『調べてみるのが早すぎたかも？』と1週間後に再度調べてみたら、今度は思ったとおりの＋（陽性）反応！」（二〇〇九年三月号、三八歳妊娠三カ月）など、待ちわびていた妊娠に喜んだことが具体的なエピソードで紹介されている。そのなかでは市販の妊娠検査薬について言及されることが多く、妊娠の医療的証明が、再生産する身体の意識を創出する側面をもっていることがわかる。そして「わくわく妊娠日記」では、妊娠は首尾一貫して肯定的に受け入れられるものとして語られている。妊娠に気づいたときには、一般的には「驚いた」「困惑した」といった反応も少なくないのだが、ここでは産む身体を自ら受容する主体が、読者モデルの声というかたちで提示されているのである。

超音波写真という「まなざし」の装置

妊娠の過程を具体的に表す記録として、妊娠の週数と連動させて、体重、腹囲、子宮底のサイズとあわせて掲載されているのが、超音波写真である。二〇〇五年の「わくわく妊娠日記」で掲載されている超音波写真では「掲載されている超音波写真は参考資料としてA産婦人科より提供していただいたものです。読者モデルママのものではありません」（二〇〇五年三月号）という但し書きがついていたが、二〇〇六年以後は読者モデル自身の超音波写真が、読者モデルのコメントをつけてひんぱんに掲載されるようになった。

「23週で撮影した3D写真。先生の『少し小さめだけど、心配ないよ』でひと安心です」（二〇一三年九月号、二八歳妊娠六カ月）といったように、胎児の発育状況を確認するために超音波写真を見ることで「安心した」という言及が多くみられる。たとえば、「『最近、無事に成長しているか、なぜか不安になることがあります』とYさん。でも超音波を見る限り問題ないようです」（二〇一〇年三月、三七歳妊娠五カ月）といったように、超音波写真を見ることで得られる安心は、不安の裏返しでもある。見えないもの、不確定なものを見ることのできる超音波検査の画像は、妊娠期の女性のなかにある不安を、当面打ち消すための可視化装置としての役割を果たしているといえよう。

一方で、日本産科婦人科学会による倫理指針「出生前に行われる遺伝学的検査および診断に関する見解」（二〇一三年改訂）では、超音波検査は「非確定的な遺伝学的検査」のひとつとして位置づけられ、「超音波検査により得られる所見のうち、直接的に胎児の異常を示すわけではないが、その所見が得られた場合にはそれに対応した胎児異常の存在する確率が上昇すると報告されている所見があり、これらはソフトマーカーと呼ばれる。これには胎児後頸部の浮腫（NT）、鼻骨低形成（欠損）といった所見などが報告されている」とある。つまり、超音波検査は、胎児の障害を調べる検査としての意味ももっている。しかし超音波検査を受けている妊婦が、出生前検査という意識をもっていることは少なく、むしろ胎児の成長を確認する楽しみとして受け取っている場合が多い。また、海外と比して日本の産婦人科では超音波検査をひんぱんに実施する特徴があるが、その目的等不明確な部分も多いことが指摘されている（柘植 2012）。

とくに近年は画像の精度が高くなり、胎児の顔の造作や身体の細部までを早い段階から見ることができ、立体画像で心音とともに記録することが可能になった。「『赤ちゃんの動く姿を見るとやっぱり、感動します。全身が写っている写真は今だけだし、特別ですね』」（二〇〇六年九月号、二四歳妊娠四カ月）、「今回は顔がはっきり確認できました。『やっと顔まで確認できたわが子は、やっぱりいとしく感じて何度も超音波写真を見てしまうんです』とうれしそう」（二〇〇八年三月号、二七歳妊娠九カ月）、「4Dビデオを見たら人さし指と中指2本を口にいれてしゃぶっていて、それがパパの赤ちゃんのころにそっくりのしぐさだったとか」（二〇〇六年九月号、三一歳妊娠七カ月）、「順調に育っている姿が確認できました。『今回、顔が見えたんですよ～！』とMさん。ビデオに収録してもらいました。それを見てパパも大感激」（二〇〇九年九月号、二六歳妊娠四カ月）といった記事に登場する語りは、超音波映像が医療的意味を超えて、胎児を人として認識し愛着の対象とする文化的意味の生成装置となっていることを示唆している。

胎児の性別

胎児の性別は妊娠六カ月目以降の妊娠中期から、具体的に胎児を認識するきっかけとして扱われる話題である。「性別は『やっぱり男の子』と判明！」（二〇〇八年九月号、二七歳妊娠六カ月）、「赤ちゃんが男の子とわかって男の子のママ目線に」（二〇〇九年九月号、三四歳妊娠六カ月）、「『あら〜。赤ちゃん丸まってるから、今日は性別わからないね』と先生から言われた超音波写真。ちょっと残念だけど、『パパと来月の楽しみになりました』」（二〇〇九年九月号、二九歳妊娠六カ月）といったように、現代では一般的に、胎児のうちから性別を判別して、名づけや子ども用品の購入準備が始まるという流れがある。たとえば「ネットでベビーグッズをチェックするようになったEさん。性別が判明したら購入する予定です」（二〇〇八年三月号、二七歳妊娠六カ月）、「バザーやフリーマーケットに出かけてベビー服をゲットしました。まだ性別がわからないので、黄色のものを中心にチョイスしています」（二〇〇八年三月号、三三歳妊娠四カ月）と、子どもの性別と服や身の回りのものの色は切り離せないこととして扱われている。子どもへの接し方が性別によって異なるという、ジェンダー化された社会化のプロセスは胎児のうちから始まっていることがみてとれる。

そして、「赤ちゃんが男の子だと判明。『よくおなかを蹴られていたので、やっぱりという感じです』とMさん。女の子を希望の夫は、しばしぼうぜんだったそう」（二〇〇九年九月号、三四歳妊娠六カ月）とあるように、子どもの性別で男女どちらを望むかという関心は、素朴な親の望みとして日常的な話題ともなっているが、こうした期待は、社会的・文化的な望ましさを反映したものでもある。さきにみた日本産科婦人科学会による倫理指針には、胎児の性別告知についても言及があり、「胎児の性別告知については出生前に行われる遺伝学的検査および診断として取り扱う場合は個別の症例ごとに慎重に判断する」として胎児の性別を知らせることについては項を立て、慎重な姿勢を求めている。歴史的にみれば、家意識やジェンダー化された子どもへの期待と結びつき、胎児の性別が、ときに中絶の理由とさえなってきたことが想起される。

妊娠・出産期女性の「自己決定と責任」

これまでみてきたように、「わくわく妊娠日記」では、妊娠期の女性は産む準備に専念するものであり、かつ若いうちに出産すべきという、社会に潜在的にある「望ましい妊娠」像が描かれていた。読者モデルとして取り上げられていた女性たちのプロフィールをみると、四〇代で第一子の妊娠をした人や、フルタイムで就労している人、またシングルマザーとして子どもを産むという人もあった。しかしながら、その取り上げられ方は一様に出産準備に集約され、女性たちの多様な背景は後景に退いていた。脱文脈化された普遍的存在という仮想によって描き出された妊婦像は、「階級・人種・民族・その他の権力関係の諸軸でつくられている構築物」（Butler 1990＝1999：24）から具体的な個人を切り離す、表象／代表のポリティクスといってよいだろう。

また、妊娠期には出産を心待ちにする気持ちだけでなく、様々な不安もあることが垣間見られた。

超音波写真に付された読者のコメントは、「安心」や「楽しみ」に集約されていたが、何度も登場する超音波検査は、前述したように妊娠した女性の抱える不安の裏返しとみることもできる。このように不安に後押しされるように行われる検査は、今日では、出生前検査にもみることができる。

二〇一三年四月に、妊婦の血液検査によって従来よりも高い精度で胎児の染色体異常を調べることのできる新型出生前検査が実施されて以後、検査の受診は専門家の予想を超えた数になり、その検査の簡易さがもっている危険性が指摘されている（『朝日新聞』二〇一三年七月一八日、一一月二二日）。検査自体のリスクは少ないとされ、費用負担も比較的軽いゆえに専門家は慎重な扱いを求めているが（NIPTコンソーシアム、二〇一三年）、こうした医療技術の進展は、多くの人々が潜在的にもっている「よい子を産みたい」という願望や、妊娠に関わることを自らの責任と考える女性たちの意識と結びつくことで、「新しい優生学」（市野川 2000）となる危険性もはらんでいる。

「性と生殖をめぐる政治」について述べる市野川は、「出生前診断の結果にもとづく選択的中絶や、新しい生殖技術を駆使して『健康』な子どもを産もうとすること、これらを法によって禁止することなどできないし、個々人がそれぞれに重い決断をくだす具体的な場面をはなれて、抽象的で粗雑な批判をおこなうことは慎まなければならない」としたうえで、子どもの選別という意識・行為が「個々人のそうした経験に結びついている点に優生学という『権力』の実定性がある」ことを示唆する（市野川 1996：202）。また、過去の優生学に基づく命の選別が、露骨で強制的な不妊手術というかたちで行われていたのに対して、現代ではひとりひとりの妊娠した女性の自己決定により、胎児を対象とした中絶というかたちで行われるようになった（市野川 2000）。今日、不妊に悩む女性の要請に応えるかたちで急速に進む生殖補助医療テクノロジーは、同時に生まれてくる子どもの「質」のスクリーニング（ふるい分け）の精度を高める技術ともなる点で、命の選別につながりかねない。

実際には、超音波検査を受ける女性や、出生前検査を希望する女性が、必ずしも命の選別・ふるい分けに自覚的であったり、障害に対して特別に差別的な考えをもっているとはいえないし、また検査を受けない人が皆、障害のある子どもを育てる明確な意思をもっているというわけではないという指摘もある（柘植ほか 2009）。しかし、スクリーニングとしての出生前検査が、妊娠したひとりひとりの女性の不安に後押しされながら、身体内部を可視化する「身体の監視装置」として機能し、受け入れられていく可能性は否定できない。

5　フェミニズムの難問──自己決定と選択

性の自己決定をめぐって

かつて、第二波フェミニズムが主張した「わたしのからだはわたしのもの」「産む・産まないは女が決める」といったスローガンは、産む・産まないは国家の統制によるものではなく女性の権利であること、すなわち「性の自己決定権」を求めることを意味していた。それは人工妊娠中絶の禁止や制限に抗うためだけでなく、自身の性と生にかかわる身体の知識、安全な避妊や妊娠・出産の知識と方法の獲得の道でもあった（荻野 2014）。

「性の自己決定」概念は、一九九四年、カイロで開催された国際人口・開発会議での「リプロダクティブ・ヘルス／ライツ」（性と生殖に関する健康・権利）の提起により広く知られるものとなった。女性の身体、女性の生殖能力の管理は、国家にとって人口再生産戦略に直結するため、人口の増強であれ抑制であれ、生殖は政治がらみの管理対象となってきた経緯があり、多くの国・地域において国家政策として実施されてきた人口政策、家族計画が、女性個人の健康と選択権の尊重という、人間中心の考え方に転換した意味は大きい（青山・原・喜多 2001）。

しかし、リプロダクティブ・ヘルス／ライツの解釈は多岐にわたり、「希望する数の子どもを希望するときにもつ」ことができる健康と権利の主張は、生殖技術や出生前検査の利用といった、子どもをもつことをめぐる「治療の自己決定」とみなすこともできる。つまり、国家的統制のもとにあった女性身体の管理と生殖の統制を、「女性自身の決定権」へと取り戻したかにみえる「自己決定」は、自己責任による「選択」権に巧みにすり替えられることになる。さらに、「選択」そのものの幅や選択肢自体を決めているのはだれか、との論点は不問とされ、そこにジェンダーにかかわる権力作用が潜むことは容易に気づかれない。

生殖テクノロジーの急速な進展を前に、フェミニズムはどのような対抗言説を提示できるのだろう。いやはたしてフェミニズムが対峙すべきは生殖補助医療そのものなのだろうか。

荻野は、生殖技術の進展を前にした現代フェミニズムの課題について、ロスマンの『母性をつくりなおす』（新版 2000）を引用しながら「テクノロジーそのものがつねに悪いわけではないが、個人の選択肢を増やしてくれるはずのテクノロジーが、同時に国家／市場／社会による支配や管理を増大させもするという側面に、もっと注意を向けるべき」と警鐘をならす（荻野 2014: 230）。

また、竹村は「テクノロジーがわたしたちに突きつけている問題は、テクノロジーそのものの是非ではなく（その外観を呈してはいるが）、経済原理、専門知識、法的強制といった権力が、性別化に有無を言わせず介入してくることだろう」とし、身体をめぐるこの新たな攻防において、意識的、無意識的に持ち出されてくるのは、生物学的性別（たとえば生殖機能の特化）であり、一見して伝統的な身体観とは無縁と思える場面に出没する「生物学的身体の亡霊」に対する危惧を表明している（竹村 2013: 84）。

再生産の医療化と商品化

妊娠、出産、避妊、中絶といった「再生産と性にかかわる女性の自己決定」は、支配層による管理への抵抗と女性の自律性の担保において重要な意味をもっている。「国家は、人口政策の中で女性の労働を身体ごと管理しようとし」、「植民地化は、とりわけ、かつ直接的に、女性に対して向けられた」。それゆえ、妊娠における自己決定、とりわけ避妊や中絶を自らが決めることを可能にするさまざまな運動は、生殖を取り巻く権威に対する女性による抵抗の歴史と位置づけられてきた（Miles *et al.* 1988＝1995: 67; 天童 2004b: 150–151）。とはいえ、女性による身体の「自己決定」の強調は、「あらゆるものの商品化」という社会情勢のなかでは容易に身体の自己責任論に転化し、「身体の植民地化」の構造を不可視化する。

現代の妊娠・出産という再生産のプロセスは、生殖テクノロジーの進展のもとで断片化され、パーツ化され、「生殖機能」の市場化、商品化へと変貌している。すでに海外では、生殖にまつわる遺伝子レベルでの「選択」と「選別」の動きが活発化しており（Davis 2010）、経済格差を背景に、デザイナーベビーや遺伝子ビジネス、卵子提供や代理出産をめぐる「グローバルな再生産の商品化」の問題も浮上している。

「不妊に悩むカップルのささやかな欲望」をはるかに超えた、女性身体の徹底した統制が生み出される状況下において、人々は「倫理と科学とジェンダー」の交錯する新たな思想的課題（金井 2013：97）に直面しているといえよう。

自発的「選択」は、しばしば自発的従属を伴うものとなる。二〇世紀後半のフェミニズムの興隆を経て、いまやフェミニズムの後の「ポスト」フェミニズムの時代ととらえる論調も見受けられる。多くの女性が従来の固定的性役割に縛られることなく、「選択肢の多様化と自由の拡大」を手にしたかにみえる現代において、そこには隠された不平等と、自らの「選択」の結果としての「自己責任」というネオリベラリズム的資本主義の時代の権力作用と象徴的統制があることを見逃してはならない（多賀・天童 2013；天童 2015）。

妊娠・出産の医療化が進み、身体のコントロールができるかのようにみえる今日だからこそ、自らの「決定」「選択」「責任」言説の強調のもとで、多くの女性が抱く素朴な願望――胎児の様子を確認したい、性別が知りたいといった事柄――が、構造的権力をはらむ再生産のポリティクスと背中合わせになっていることに、私たちはいっそう自覚的でなければならないだろう。

（天童睦子・加藤美帆）

第7章　育児言説と象徴的統制
――家族と教育の危機を超えて――

本来、人間の「生」を育む子育ては、子どもの最善の利益とケアの保障にもとづいて営まれるべきものである。しかし、近年の家族と教育をめぐる状況は、自己責任、家族責任の強調のもとに、構造的危機に直面しているように思われる。

本書は育児言説の社会理論と育児雑誌の分析をふまえて、見えない統制のもとで「戦略的」に我が子の教育投資へと向かう一群の家族の姿を描き出した。翻っていえばそれは、育児・教育情報といった育児資源の獲得から遠ざけられる家族の困難も浮かび上がらせる。

教育格差、希望格差、子どもの貧困といった議論の広がりのなかで、私たちはいかにして、家族、育児、教育をめぐる社会的困難と危機を超える道を示すことができるのだろうか。その大きな問いに答えるのは容易ではないが、家族と教育が直面する危機に対抗する、いくつかの言説的アプローチの可能性を拓くことはできよう。

そこで本章では本書全体の総括的整理を行いながら、育児、家族、教育、ジェンダーといった課題の背後に、いかなる権力関係と統制の様式があるのかを見極める議論のアリーナを提示するため、とくに次の三つの点に絞って検討する。第一に包括的ケア保障の視点、第二に対抗ヘゲモニーのアプローチ、第三に象徴的統制の理論である。

1　包括的ケア保障と子どもの育つ権利

子育ての私事化とジェンダー体制の再編

本書では育児メディアの変遷を通して、グローバル化と個人化が進行し、階層格差の拡大を容認する新自由主義的社会状況のもとで、子育ての私事化とひそかなジェンダー体制の再編が進行することを論じた（第**1**章）。

育児雑誌の言説分析から見出されたのは、個人と家族の「選択」と「責任」言説のなかで、子育ての私事化が進み、育児や子どもの教育が「見えない統制」のもとにおかれていく家族の姿であった（第**2**章、第**3**章）。「見えない統制」とは子どもの自発性、自主性を重んじる「子ども中心主義」という近代家族の育児戦略である。それは一見「子ども本位」であるかのように見えるが、「自主性」と背中合わせの子どもの「自己統制」を促す全人格的統制となって「再生産の個人化」戦略へと方向づけていく（第**4**章、第**5**章）。さらに、父親の育児参加言説が正当性を帯びた一九九〇年代以降、父親の「主体的」育児関与や、子育ての家庭責任の過度の強調が、家庭内に閉ざされた親役割の再強化へと向かうパラドクスを含んでいることを指摘した。

このような視点にたつ研究動向は、海外でも見られるものである。西欧社会における子ども志向の高まりと濃密育児 intensive parenting（Wall 2010）、教育の市場化と家族の階層分化のかかわりに言及した研究（Vincent & Ball 2006）などがある。そのなかで育児雑誌の言説分析をふまえた研究も登場している。たとえばサンダーランド Sunderland, Jane は、イギリスなど英語圏の主要育児雑誌に登場する言語表象に注目して、主な育児の担い手をめぐる言説が、かつての「母役割 mothering」中心から「親役割 parenting」へと変化したかのように見えながら、雑誌上の父親言説がジェンダー・ステレオタイプ化されていることを論じている（Sunderland 2006）。

もっとも、海外においては本書で取り上げてきた育児雑誌の詳細な分析による育児言説研究はまださほど多くない。日本の出版界は諸外国に比べて育児書、育児雑誌といった育児メディアの種類と発行部数で群を抜いている。今後の育児言説の研究においては、インターネットやパーソナルメディアを含めた水平的育児知識の伝達の研究、あるいは国際比較を盛り込んだ分析が課題となるだろう（望月 2010；落合ほか編 2007；牧野ほか編 2010）。

「父親の育児参加」言説とケアラーとしての男性

さて、父親研究については、これまで家族社会学、家族心理学といった分野を中心に、父親の積極的育児関与が子どもの発達だけでなく親自身の発達にもよい効果をもたらすといった指摘や、母親の育児不安を軽減するといった多くの実証的研究が蓄積されてきた（牧野 1988；牧野ほか 1996；大和ほか編 2008；住田 2014 など）。また、男性性研究においても、男らしさの問い直しや、従来の性別役割分業のゆらぎと父親の葛藤といった研究が進められている（伊藤 2003；高橋 2004b；多賀 2006）。

実践レベルでは、戦後日本における「ポストの数ほど保育所を」をスローガンとした保育所設置運動、育児休業の要求などを経て、一九八〇年代以降はペイド・ワークから切り離された社会的位置づけに疑問を呈する育児期の母親たちの市民活動や、「男も女も育児時間を!連絡会」(一九八九年)による働く男女の権利の観点から「子育て期の男女が育児関与できる社会」をつくろうとする市民運動の展開などがあった。

政策的には、九〇年代の「育児をしない男を、父とは呼ばない」キャンペーン(厚生省、一九九九年)、二〇一〇年以降の「育児に積極的に参加する男性(父親)」を称揚する動向(「イクメンプロジェクト」厚生労働省)などがある(石井クンツ 2013)。たしかに、父親が稼ぎ手役割だけでなく育児や子どもの教育への関与を重視する方向性とそれを後押しする政策が、「ケアラーとしての父親」の社会的認知に向けた、男女共同参画型の育児を体現する可能性をもつ点を忘れてはならない。

とはいえ、日本の家族状況を振り返れば、「子育て期」家族が抱えるジレンマの背景は、単に「男性=公的領域、女性=私的領域」という素朴なジェンダー分業というよりも、男女を性別で二分割し分断したうえで、子育て期の親(男女)を私的領域に集中させ、心理的にも時間的にもジェンダー化された領域(男=企業、女=家庭)に自ら「選択的」に位置づかせていくような、物質的・象徴的力の作動があるように思われる(矢澤ほか 2003: 168)。それゆえに、再生産領域から立ち上がるシティズンシップ、すなわち「ペイド・ワークとアンペイド・ワークの二分法や境界を踏み越えて築かれる、ジェンダー平等なシティズンシップ戦略」(矢澤ほか 2003: 136)実現のための、ジェンダーに敏感な社会政策、家族政策、労働政策、福祉サービス等の継続的議論が重要となる。

ここで、あらためて強調しておきたいのは、現代日本の「父親の育児参加」言説がジェンダー平等な家族やパートナーシップへと直結するかどうかの慎重な吟味が必要であることだ。格差社会の言説のなかで育児や教育に漠然とした不安を抱く家族は、こうした状況下で生き抜く教育戦略を企図しようとするが、それを可能にする経済的・文化的資源を保持する階層と、それをもたない階層との間で、階層の固定化と不平等の再生産が顕在化する。

加えて、「子育ての私事化」と階層の固定化にもかかわって、現実的には、多くの子育て期の男性（父親）は、ケア（子育て）にかかわりたくてもかかわれない、仕事優先の生活状況にあることも想起すべきだろう。「育児休業がとれるのは、公務員とか自営とか、（一部の）恵まれた父親たち」で「うちでは（夫に）保育園の会合の間子どもをみてと協力を頼むのも気をつかう」（（　）は引用者、三〇代共働きの母親インタビュー、東京都内、二〇〇六年）といった声もある。父親自身が、子ども志向、家族志向を標榜しながらも「親であること、親になること」から遠ざけられる男性たちの「子育ての困難」、理想として「仕事も育児も」できる父親像が強調されればされるほどに、現実のジレンマは、家族や親の自己責任として「個人化」されていく。

包括的ケアの権利と「ケアなき世界」に抗う視点

そこで再考すべきなのは、子育ての当事者である男女の生活現実が、子育て期のシティズンシップの十全な保障のもとにあるか（ケアする権利の保障）、また、子ども自身の「育つ」権利が十分に保障されているか（「子育ち」の権利の保障）という、二重の権利保障とその実践である。

シティズンシップ（市民の権利と責任）としてのケアは、市民社会の構成員にとっての基本的権利のひとつである。ケアの権利を市民社会の法制度、職業生活、家庭生活のなかに位置づけ、ジェンダーに敏感なシティズンシップを常識知として根づかせていくことは、世界的課題となっている（矢澤・天童 2004; Lister 1997; MaClain & Grossman eds. 2009）。

他方、新自由主義的資本主義におけるケアをめぐる社会状況は厳しさを増している。フェミニズムの視点からケアを論じたフォルブルは、想像上のシナリオとして「ケアなき社会」を描いた。架空の島国「コーポネーション（企業国家）」の住民の条件は「健康で有能で高等教育資格をもつ、子どものいない成人、ただし五〇歳まで」。この国では高い収入を保証される一方、生産性、効率性が最優先事項となる。「コーポネーション」の市民権は、病気にかかったとき、扶養者ができたとき、五〇歳に達したときに剥奪される（Folbre [2002] 2006: 211–215）。さらにフォルブルが描くもうひとつの物語は「幼子が船で他の国に送られて、成長するまで別国で過ごす」というもので、子ども（ケア）の他国への送り出しは、ケアワーカー女性の国際移動の逆バージョンとして読むことができる。こうしたケア労働の国際的再編はすでに現実のものとなっている。

「ケアレス careless」の国では、経済格差を背景に他国（他者）にケア労働を押し付け、そこの住民だけが繁栄を享受する。そこに小さきもの、弱きものに寄り添う心は不在である。このような「ケアなき世界」の問題は、一国規模の枠組みを超えて、グローバルな「豊かさ」と「自由」の再定義、「政治的、社会的、経済的機会と権力の配分に見られる不均衡」に起因する「分配と正義」の問題と通底している（Sen 1992, 2009）。

企業中心型社会の過酷なグローバル競争の現実をまえに、今一度立ち返るべき事柄は「子どもの最善の利益 the best interest」（大田 1997）に根ざしたケアの保障の再検討であろう。子どもには発達する権利があること（子どもの発達権）、子どもには自らの判断が尊重され、意見を表明する権利があること（意見表明権）などをふまえて、親にとっての子育て支援だけでなく、「子どもの育つ権利」を中心にすえた、「子育ち」の保障を明示する必要がある（神原 2010, 2014）。

現代の親中心的「教育戦略」は、ともすれば目先の「優劣」や「勝敗」に一喜一憂する子育てのジレンマに陥りやすい。子どもを育むペダゴジーの実践には、親自身が「親になる」プロセスを楽しみ、子育て期というケアの営為を通して温かい人間性やもうひとつの価値志向に気づくことのできる、生涯にわたる学びの保障もまた欠かせない。それは、子どもの教育だけでなく、親になること、親であることという再生産の営みから立ち上がる、大人にとっての人間的な「生きる学び」の創造とも結びついている。

2　対抗ヘゲモニーのアプローチ

批判的教育学

では、家族、教育、ジェンダーの危機を超える、対抗的言説の可能性はどこに見出せるだろうか。本書ではひとつの方向性を示唆するものとして、批判的教育学 critical pedagogy に注目したい。

批判的教育学者のひとりジルーは「越境する教育言説――モダニズム・ポストモダニズム・フェミ

ニズム」で次のようにいう。「われわれは、知識がヨーロッパの文化や文明の型によって排他的に正統化されていた近代主義者の言説に対して強力な挑戦が払われる時代に生きている。〔中略〕モダニズムに対する二つの最も重要な挑戦は、ポストモダニズムとフェミニズムとに結びついた理論的言説から出てきた」（Giroux［1992］1997＝2005：161）。

批判的教育学は、フェミニズム理論、差異の文化政治学、ポストモダニズムの教育理論と関連しつつ、ローカルな状況に関連した理論、理論と実践の関連性、反全体主義、反人種差別主義の思想の重要性を主張し、教育が行われる政治環境の認識と論議にも敏感で、人々の多様性の尊重と理解を要求する立場と整理できる。

この観点から批判的教育学は、既存の社会関係や権力構造に対して異議を唱え、人種・階級・ジェンダーをめぐり本質的な問いかけをすることで、既存の教育体系とは異なる教育のビジョンを提示する（Apple *et al.* eds. 2010；Apple 2014）。本章ではその具体例として、教育社会学者アップル Apple, Michael の対抗ヘゲモニーの視点を挙げておく。

ヘゲモニーと学校教育の隠れた顔

よく知られているように、ヘゲモニー hegemony はイタリアの思想家アントニオ・グラムシ Gramsci, Antonio が提起した概念であり、市民社会において形成される人々の「自発的」合意を組織化するための「文化的・道徳的・イデオロギー的指導」の意味ととらえられる。彼は、統合的国家による統治が可能になるためには、「政治社会」において行使される「合法的」な強制支配と、「市民社会」において形成される大衆自らの「同意」の組み合わせが必要であるという。すなわちヘゲモニーは、文化的・道徳的・イデオロギー的指導のもとに組織化された、支配的集団への「自発的」合意を前提にした支配のメカニズムを意味するものといえる（Gramsci 1971, [1975] 2012; 天童 2001: 114-115)。

ヘゲモニーは、マクロな社会的行動や経済関係のレベルでのみ見出されるものではなく、私たちの日常的実践により構成されているのであり、教育に引きつけていえば、教育システムに内在するカリキュラム、教授 pedagogy、評価といった教育制度の諸特徴が相互にかかわって創り上げている社会的世界のなかに埋め込まれている（天童 2013b: 52-53)。教育とジェンダーの分野でヘゲモニー概念を援用した研究としては、アーノットの男性支配のヘゲモニー male hegemony（Arnot 1982)、R・W・コンネルのヘゲモニックな男性性 hegemonic masculinities がある（Connell 2002＝2008)。

アップルはこのヘゲモニー概念に依拠しながら、社会の文化的装置や制度を維持し生産する知識、およびそこに携わる人々の統制がヘゲモニー闘争の不可欠な要素であるとした。学校教育は、カリキュラムの「中立性」を標榜しながらも、実のところ「支配的集団のイデオロギー的ヘゲモニーに貢献するような規範、価値、性向、文化を教えるヘゲモニー装置」として、不均等に階層化された社会秩序を維持・再生産する「隠れた機能」をもっているとするのである。

彼は次のようにいう。「『知識人』の第一の課題は、イデオロギーが対抗する中で人心を掌握し、団結するために正統的で支配的なイデオロギーの意味と実践を広げ正統化することにある。……教育者は、構造的にそのような『知識人』たりうる位置にあり、したがってこれらのイデオロギーの課題とは無縁ではない」（Apple 1982＝1992: 24)。この点をふまえれば、ペダゴジーの実践に携わる人々（教育者、保育者、親、地域市民、メディアの作り手といった広義の文化伝達に携わる人々）は、教育・文化装置のコントロールの担い手（エージェント）になるだけでなく、知識の生産と再生産の戦略を見据えつつ、そこに生きる人々の困難さや葛藤に寄り添い、知識伝達のコントロールを対抗ヘゲモニーの回路へと転換しうる実践的可能性をもつ存在ともなる（天童 2013b：67）。

ところで、アップルが焦点化したのは、学校という「平等幻想」の場においてひそかに伝達される不平等の「隠れた」顔であった。今日、教育の市場化、企業モデルの導入、「監視文化 audit culture」の広がりといった「教育の危機」が顕在化するなかで（Apple 2014）、いかに教育の不平等の拡大に対抗しうる、民主的な教育の営みを提起できるかが問われている。

その視座を育児という再生産の営みに応用するならば、第一に、子どもと家族をめぐる政策、制度、組織やシステムが、それを取り巻く社会の可視的・不可視的支配といかに関連しているのかを見極めること、第二に、経済支配と文化支配の連関を視野に、ヘゲモニー的言説と行動を批判的に分析すること、第三に「あらゆるものの商品化」、すなわち市場的価値のみを強化する言説権力に対抗しうる知識と言説を、家族、教育、生涯にわたる学びのなかから立ち上げていくことが挙げられよう。

3 象徴的統制と再生産

象徴的統制の理論

本章では最後に、象徴的統制の視点から育児言説の伝達理論の全体像を提示しよう（図7―1）。象徴

図７—１　象徴的統制の構造・過程

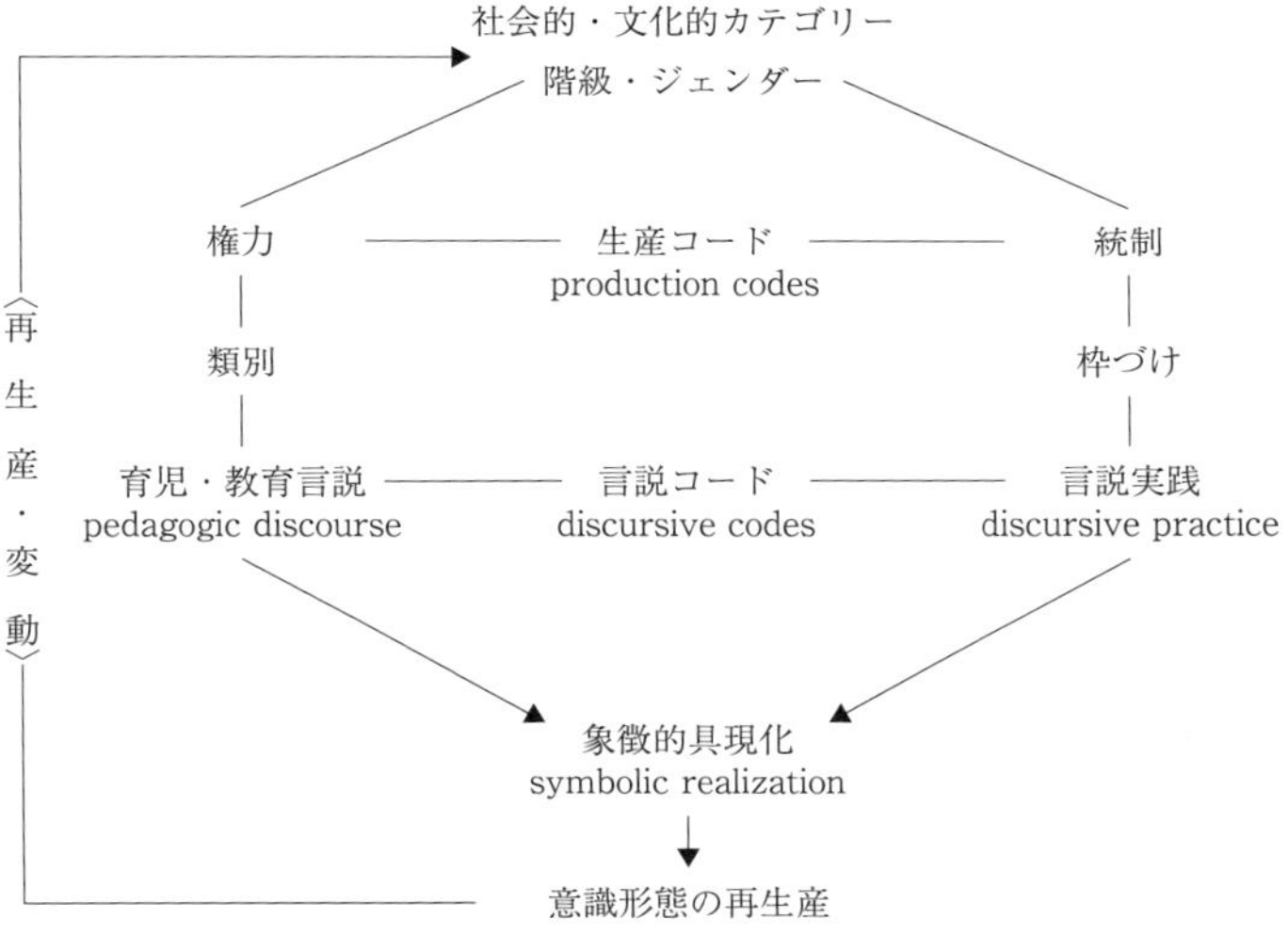

（Bernstein 1990, 1996），（柴野 2004：218）より作成

的統制 symbolic control は、バーンスティンにより提起された概念である（Bernstein 1990, 1996）。

バーンスティンのいう象徴的統制とは、人々の意識にある特定のフォームを付与したり配分したりする手段にかかわる概念であり、その意識フォームの付与・配分は、ある権力配分関係と支配的な文化的カテゴリーを連結するコミュニケーション形式を通して行われること、つまり、象徴的統制は、言説の生産・配分・再生産を通じて、人間の意識形態の形成にかかわるプロセスであり、その形成と統制の具現化には、家族、教育、公的メディアにおける教育的過程 pedagogic process が必要となることを示す全体像であった（Bernstein 1990, 1996）。

彼は次のように述べる。「私のアプローチは、文化と象徴的統制という大きな問い全般を扱うには限定的であり、むしろ、象徴的統制とその諸形態が実現するプロセス、すなわち、権力関係がどのように言説のなかに変換されるのか、また言説がどのように権力関係に変換されるのかを探究してきた。この変換のプロセスが、家族と教育において、フォーマル、インフォーマルなかたちで進行する意味において、それは本質的に教育的（ペダゴジックな）過程である。またより一般的で無限定なかたちとしては、国家管理社会の権力闘争のアリーナという文脈における公的メディアによるものである」（Bernstein 1996：12）。

わかりやすくいえば、象徴的統制は、言説と権力をつなぐ概念であり、文化的カテゴリーに起因するマクロな権力関係が、いかに人々の意識形態や精神構造（ミクロ）を形成するかを読み解く枠組みとなる。そして教育装置を通じた、言説の生産（創造）、変容（再文脈化）、受容（評価）のプロセスは、言説の具現化に至るプロセスと、その社会の文化的再生産に「寄与」するエージェントの位置づけを示すモデルととらえることができる。

興味深いのは、この概念が生産構造と象徴構造の対比において提起されている点である。生産の活動の場（経済）には生産コード production codes が、象徴的統制の場（文化）には言説コード discursive codes がある。バーンスティンは支配的言説コードの伝達の担い手として、「精神・身体・社会関係を規制する新たな専門職」を挙げている。具体的には、医学、科学、芸術、マス・メディア、ソーシャルワークにかかわる人々を指し、これらの人々が言説コードの伝達の実質的エージェントとなることを示唆している（Bernstein 1990：134–137）。

言説コードと権力・統制

バーンスティンのいうコードとは、暗黙裡に獲得される規制原理である。それは「関係づけの仕方、考え方、感じ方」、いいかえれば意識、社会関係、性向の諸形態の分化と配分にかかわる原理である。生産コードは、経済領域において、物理的資源 physical resources の手段、文脈、可能性の規制原理であり、一方、言説コードは、言説的資源の手段、文脈、可能性を規制するものである（Bernstein 1990: 135）。それゆえ、生産コードは労働、生産活動の規制にかかわり、言説コードは文化の伝達、すなわち育児や教育のあり方の規制原理となる。

本書で注目してきた育児言説は、まさにこの「言説コード」、すなわち「言説を類別し、配分することを通じて、諸個人を特定の社会的存在として枠づける規制原理」の理論的・実証的解明であった。本書では具体的に、子育てや教育、さらに住まいの編成、再生産する身体をめぐる言説をみてきたが、いずれの言説空間においても、言説がなんらかの権力関係と結びつき、類別され、カテゴリー化されており、さらにそれらの言説空間は、社会集団間の不均衡な関係を反映し、文化的価値志向の差異を示すものである。

「言説は権力に読みかえられ、権力は言説に読み換えられる」とのバーンスティンの主張（Bernstein 1990: 134）は、言説コードと象徴的統制の概念モデル（図7—1）によって、具体的に把握することができる。権力はある特定の言説カテゴリーを生起させ、それを他のものと区別（類別化）し、境界づけ、正当化する。その言説は再文脈化のエージェントによって再定義され、そこで正当性を帯び、育児実践の当事者（親、保育者、教育者）の統制作用（枠づけ）を通して具体化される。それらの一連の社会的行為が象徴的統制の具現化のプロセスである。言説コードは、カテゴリー化（権力）と結びついたペダゴジーとしての育児・教育言説と、相互作用としての言説実践（統制）とを通して、象徴的に具現化され、人びとの意識に浸透する。このようにみてくると、象徴的統制は、家族、教育、ジェンダーの言説分析等において、社会構造（マクロ）と日常的相互作用（ミクロ）をつなぐ、権力と統制の考察に有効な枠組みを提示するものとなる。

要するに、象徴的統制は「言説が権力と結びつき、文化伝達を通して人々の意識に特定のフォームを付与するプロセス」（柴野 2004：218–220）の全体像を示すものとなり、この概念によって、育児言説・教育言説が生産（創造）、変容（再文脈化）、受容（評価）されるプロセスと、その伝達にかかわる統制的コミュニケーションの担い手（エージェント）をとらえることができる。そして、「象徴的統制を中核にした文化、知識の生産、伝達、再生産に関する綜合理論の構築を目指す」（柴野 2001）ところに、マクロとミクロの統合可能性をもつと評されたバーンスティン理論の真髄がある。

おわりに

バーンスティンの教育言説と象徴的統制の理論は、現代の教育格差や子どもの貧困など、「子どもと子育てをめぐる諸課題」の分析において、経済（生産コード）と文化（言説コード）の双方への目配りが不可欠であることを再認識させるものである。「言説と権力の中継」装置としての教育装置、その全体像としての象徴的統制の提示といったバーンスティンをふまえた理論モデルがもつ意味の重要性は増している。

あわせて心に留めておくべきことは、象徴的統制を含む文化伝達の社会理論が「閉じた」再生産論ではない点である。言説コードの視点が示唆するのは、言説の配分と伝達のプロセスが変革のためのポテンシャルとなりうることである。言説は権力関係によって規制されるが、その逆の流れ、つまり対抗的言説の生成によって権力関係を問い直すこともまた可能なのである。

バーンスティンは「権力の配分や社会統制の原理は構造的関係を生み出すが、これらの諸関係は、その構造的関係の象徴的具現化に内在し、しかも変化の種（seeds of change）となるようなかたちで精神過程へと入ってくる」（Bernstein 1977: 20）とし、他の文化的再生産論とは一線を画していることを強調した（Bernstein 1996）。とくにバーンスティンが重視した相互作用過程における統制の「変化の可能性の運搬」の作用は、不平等の再生産に抗う、変革の可能性を示す標識となりうることを指摘しておきたい（天童編 2004: 16）。

以上の論点をふまえれば、育児言説の伝達過程は、単純で一方的な受容の過程ではないことが見て取れる。すなわち、言説の生成、再生産、伝達の一連のプロセスに象徴的統制のメカニズムがある。社会的・文化的カテゴリーに根差した「権力の配分や社会統制の原理」をふまえつつ、構造的関係の伝達の象徴的プロセスにおいて、立ち現れる矛盾やジレンマに敏感な目を向けることで、言説がいかなる文脈で用いられ、変容され、意味づけられるか、育児と教育の営みを通した統制のコミュニケーション様式に潜む言説権力を見極めることができるだろう。

本書で述べてきたように、現代の家族、教育、再生産をめぐる言説の検討には、日常に埋め込まれた差異化の複層的権力関係への目配りが欠かせない。再生産領域から立ち上がる、当事者に寄り添った支援のあり方、ジェンダー平等なケアの保障、教育の不平等への対抗的アプローチといった課題への理論的・実践的取り組みは、家族と教育研究に携わる人々にとって、また家庭や保育・教育の現場で日々子どもと向き合う人々にとっても、重要な現代的使命のひとつと思われるのである。

（天童睦子）

号（第51号）
日経ＢＰ社編『日経 Kids+』（ムック，特集号）2012年8月号～2015年1月号
プレジデント社編『プレジデント Family』2006年9月号（第1巻第1号）～2014年秋号（第9巻第7号）

＊育児関連雑誌資料は，本文中で引用・参照した主な資料を掲載。

主な参考資料

アクセスインターナショナル社編『FQ JAPAN』2006年12月号（Vol. 1）〜2014年12月号（Vol. 33）
朝日新聞出版編『AERA with Kids』2007年春号（第1号）〜2014年冬号（第37号）
ベネッセコーポレーション編『ひよこクラブ』1993年11月号（第1巻第1号）〜2014年12月号（第22巻第2号）
ベネッセコーポレーション編『たまごクラブ』1993年11月号（第1巻第1号）〜2014年12月号（第22巻第2号）
ベネッセコーポレーション編『たまひよこっこクラブ』1999年1月号（第3巻第4号）〜2005年12月号（第10巻第3号）
ベネッセコーポレーション編『bizmom』2005年春夏号〜2014年夏秋号
第一プログレス編『tocotoco』2008年冬号（Vol. 1）〜2014年秋号（Vol. 28）
婦人之友社編『かぞくのじかん』2007年秋号（Vol. 1）〜2014年冬号（Vol. 30）
白泉社編『kodomoe』2011年11月号〜2014年12月号
クレヨンハウス編『クーヨン』1996年4月号（第1巻第1号）〜2014年12月号（第19巻第12号）
メディア・リサーチ・センター編・発行『雑誌新聞総かたろぐ』1990〜2014年度版
メディア・リサーチ・センター編・発行『月刊メディア・リサーチ』2014年6月号
祥伝社編『nina's』2008年3月号（Vol. 1）〜2014年11月号（Vol. 49）
小学館編『edu』2006年3月号（第1巻第1号）〜2014年12月号（第9巻第7号）
主婦の友社編『Balloon（バルーン）』1986年11月号（第1巻第1号）〜2002年6月号（第17巻第6号）
主婦の友社編『Baby-mo』2002年10月号（第1巻第1号）〜2014年10月号（第13巻第5号）
主婦の友社編『赤ちゃんが欲しい』2001年春号〜2014年冬号
日経ＢＰ社編『日経 Kids+』2005年12月号（第1号）〜2010年2月

Wodak, R. ed., 1997, *Gender and Discourse*, London: Sage.
Wodak, R. and M. Meyer, 2009, "Critical Discourse Analysis: History, Agenda, Theory and Methodology", Wodak, R. and M. Meyer eds., *Methods of Critical Discourse Analysis*, London: Sage.
山田昌弘，2005『迷走する家族――戦後家族モデルの形成と解体』有斐閣
山本理奈，2014『マイホーム神話の生成と臨界――住宅社会学の試み』岩波書店
山根純佳，2004『産む産まないは女の権利か――フェミニズムとリベラリズム』勁草書房
大和礼子・斧出節子・木脇奈智子編，2008『男の育児・女の育児――家族社会学からのアプローチ』昭和堂
矢澤澄子，1996「ジェンダーと都市居住」岸本幸民・鈴木晃編『講座現代居住２　家族と住居』東京大学出版会
矢澤澄子・国広陽子・天童睦子，2003『都市環境と子育て――少子化・ジェンダー・シティズンシップ』勁草書房
矢澤澄子・天童睦子，2004「子どもの社会化と親子関係――子どもの価値とケアラーとしての父親」東京女子大学女性学研究所・有賀美和子・篠目清美編『親子関係のゆくえ』勁草書房
横山浩司，1986『子育ての社会史』勁草書房
吉田大樹，2014『パパの働き方が社会を変える！』労働調査会
Young, M. F. D., 2008, *Bringing Knowledge Back In: From Social Constructivism to Social Realism in the Sociology of Education*, London: Routledge.
湯沢雍彦・宮本みち子，2008『新版 データで読む家族問題』ＮＨＫブックス

とDV」柴野昌山編『青少年・若者の自立支援――ユースワークによる学校・地域の再生』世界思想社
天童睦子，2012「育児観と子ども観の変容」住田正樹編著『家庭教育論』放送大学教育振興会
天童睦子，2013a「育児戦略と見えない統制――育児メディアの変遷から」『家族社会学研究』第25巻第1号，21―29頁
天童睦子，2013b「欧米における教育社会学の展開――ポストモダニズムの課題を問う」石戸教嗣編『〔新版〕教育社会学を学ぶ人のために』世界思想社
天童睦子，2015「知識伝達とジェンダー研究の現代的課題――フェミニズム知識理論の展開をふまえて」『宮城学院女子大学研究論文集』第121号，1―15頁
天童睦子・石黒万里子，2006「若い父親の育児参加とジェンダー意識――共働きカップルの育児意識調査の分析から」名城大学総合研究所『総合学術研究論文集』第5号，191―202頁
天童睦子・高橋均，2011「子育てする父親の主体化――父親向け育児・教育雑誌に見る育児戦略と言説」『家族社会学研究』第23巻第1号，65―76頁
外山知徳編，1985『子ども部屋』〈現代のエスプリ第210号〉至文堂
柘植あづみ，2005「人口政策に組み込まれる不妊治療」『国際ジェンダー学会誌』第3号，9―34頁
柘植あづみ，2012『生殖技術――不妊治療と再生医療は社会に何をもたらすか』みすず書房
柘植あづみ・菅野摂子・石黒眞里，2009『妊娠――あなたの妊娠と出生前検査の経験をおしえてください』洛北出版
恒吉僚子／Ｓ．ブーコック，編，1997『育児の国際比較――子どもと社会と親たち』ＮＨＫブックス
上野千鶴子，2002『家族を容れるハコ　家族を超えるハコ』平凡社
van Leeuwen, T., 2008, *Discourse and Practice: New Tools for Critical Discourse Analysis*, New York: Oxford University Press.
Vincent, C. and S. J. Ball 2006, *Childcare, Choice and Class Practices: Middle-class Parents and Their Children*, London: Routledge.
Wall, G., 2010, “Mother’s Experiences with Intensive Parenting and Brain Development Discourse”, *Women’s Studies International Forum*, 33: 253-263.
渡辺秀樹，2013「多様性の時代と家族社会学――多様性をめぐる概念の再検討」『家族社会学研究』第25巻第1号，7―16頁

129—146 頁
高橋均，2004b「戦略としてのヴォイスとその可能性——父親の育児参加をめぐって」天童睦子編『育児戦略の社会学——育児雑誌の変容と再生産』世界思想社
高橋均，2008「イデオロギー論から象徴的統制論へ——バーンスティン理論におけるアルチュセール的視点導入の意義」『現代社会学理論研究』第 2 号，61—73 頁
高橋均，2011「称揚される『開かれた住まい』——居住空間における子どもをめぐる新たな『真理の体制』の成立」『子ども社会研究』第 17 号，55—68 頁
高橋均，2016「バーンスティンのフーコー批判再考——社会-認識論的言説分析に向けて」『現代社会学理論研究』第 10 号
竹村和子，2013『境界を攪乱する——性・生・暴力』岩波書店
田間泰子，2001『母性愛という制度——子殺しと中絶のポリティクス』勁草書房
Tannen, D., 2007, *Talking Voices: Repetition, Dialogue, and Imagery in Conversation Discourse*, Cambridge: Cambridge University Press.
天童睦子，2000「バーンスティンの権力・統制論再考——ジェンダー・コードの視点から」『教育社会学研究』第 67 集，83—99 頁
天童睦子，2001「ジェンダーとヘゲモニー支配」柴野昌山編『文化伝達の社会学』世界思想社
天童睦子編，2004『育児戦略の社会学——育児雑誌の変容と再生産』世界思想社
天童睦子，2004a「育児メディアの変遷と『母』の再生産」天童睦子編『育児戦略の社会学』世界思想社
天童睦子，2004b「少子化時代の育児戦略とジェンダー」『育児戦略の社会学』世界思想社
天童睦子，2004c「『母になること』の意識化と子どもの意味の変容——少子社会と妊娠・出産情報誌の分析から」名城大学人間学部『人間学研究』第 2 号，85—98 頁
天童睦子，2007「家族格差と子育て支援——育児戦略とジェンダーの視点から」『教育社会学研究』第 80 集，61—83 頁
天童睦子編，2007『ジェンダー視点を基盤とする人間学と共生型コミュニティの構築』（平成 18 年度私立大学等学術研究高度化推進経費・共同研究経費・成果報告）
天童睦子，2009「性支配の構造とセクシュアリティ——親密な関係性

セン，A.，加藤幹雄訳，2009『グローバリゼーションと人間の安全保障』日本経団連出版
柴野昌山編，1989『しつけの社会学――社会化と社会統制』世界思想社
柴野昌山，2001「文化伝達と社会化――パーソンズからバーンステインへ」柴野昌山編『文化伝達の社会学』世界思想社
柴野昌山編，2001『文化伝達の社会学』世界思想社
柴野昌山，2004「育児知識の生成・伝達・受容」天童睦子編『育児戦略の社会学――育児雑誌の変容と再生産』世界思想社
渋谷望，2003『魂の労働――ネオリベラリズムの権力論』青土社
清水浩昭編，日本社会・文化研究会監修，2004『日本人と少子化』人間の科学社
汐見稔幸編，2008『子育て支援の潮流と課題』ぎょうせい
Spender, D., 1980, *Man Made Language*, London: Routledge & Kegan Paul.（=1987，レイノルズ=秋葉かつえ訳『ことばは男が支配する――言語と性差』勁草書房）
Stubbs, M., 1976, *Language, School and Classroom*, London: Methuen.
祐成保志，2007「住居――交渉過程としての住まい」佐藤健二・吉見俊哉編『文化の社会学』有斐閣
Sunderland, J., 2004, *Gendered Discourses*, New York: Palgrave Macmillan.
Sunderland, J., 2006, "'Parenting' or 'Mothering' ? The Case of Modern Childcare Magazines", *Discourse & Society*, 17(4): 503-527.
住田正樹，2014『子ども社会学の現在――いじめ・問題行動・育児不安の構造』九州大学出版会
住田昌三・西山文庫編，2007『西山夘三の住宅・都市論――その現代的検証』日本経済評論社
鈴木聡志，2007『会話分析・ディスコース分析――ことばの織りなす世界を読み解く』新曜社
田渕六郎，2012「少子高齢化の中の家族と世代間関係――家族戦略論の視点から」『家族社会学研究』第24巻第1号，37―49頁
多賀太，2006『男らしさの社会学――揺らぐ男のライフコース』世界思想社
多賀太・天童睦子，2013「教育社会学におけるジェンダー研究の展開――フェミニズム・教育・ポストモダン」『教育社会学研究』第93集，119―150頁
高橋均，2004a「差異化・配分装置としての育児雑誌――バーンスティンの〈教育〉言説論に依拠して」『教育社会学研究』第74集，

西川祐子，1995「男の家，女の家，性別のない部屋――続住まいの変遷と『家庭』の成立」脇田晴子／S・B・ハンレー編『ジェンダーの日本史〈下〉主体と表現　仕事と生活』東京大学出版会
落合恵美子・山根真理・宮坂靖子編，2007『アジアの家族とジェンダー』勁草書房
荻野美穂，2002『ジェンダー化される身体』勁草書房
荻野美穂，2003「反転した国家――家族計画運動の展開と帰結」『思想』第955号，175―195頁
荻野美穂，2006「産む身体／産まない身体――生殖管理のテクノロジーとジェンダー」荻野美穂編『身体をめぐるレッスン2　資源としての身体』岩波書店
荻野美穂，2014『女のからだ――フェミニズム以後』岩波新書
小内透，1995『再生産論を読む――バーンスティン，ブルデュー，ボールズ=ギンティス，ウィリスの再生産論』東信堂
太田素子，1994『江戸の親子――父親が子どもを育てた時代』中公新書
大田堯，1997『子どもの権利条約を読み解く――かかわり合いの知恵を』岩波書店
Pitt, S., 1997, “Midwifery and Medicine: Gendered Knowledge in the Practice of Delivery”, Mailand, H. and A. M. Rafferty eds., *Midwives, Society and Childbirth: Debates and Controversies in the Modern Period*, London & New York: Routledge.
Rothman, B.K., 1989, *Recreating Motherhood: Ideology and Technology in a Patriarchal Society*, New York: Norton.（=1996，広瀬洋子訳『母性をつくりなおす』勁草書房）
Sadker, M. and D. Sadker, 1994, *Failing at Fairness: How Our Schools Cheat Girls*, New York: Simon & Schuster.（=1996，川合あさ子訳『「女の子」は学校でつくられる』時事通信社）
佐藤雅浩，2013『精神疾患言説の歴史社会学――「心の病」はなぜ流行するのか』新曜社
Scott, J. W., 1988, *Gender and the Politics of History*, New York: Columbia University Press.（=(1992)2004，荻野美穂訳『ジェンダーと歴史学』平凡社）
澤山美果子，2013『近代家族と子育て』吉川弘文館
Sen, A., 1992, *Inequality Reexamined*, Oxford: Oxford University Press.（=1999，池本幸生・野上裕生・佐藤仁訳『不平等の再検討――潜在能力と自由』岩波書店）

牧野カツコ・中野由美子・柏木惠子編，1996『子どもの発達と父親の役割』ミネルヴァ書房
牧野カツコ・渡辺秀樹・舩橋惠子・中野洋恵編，2010『国際比較にみる世界の家族と子育て』ミネルヴァ書房
Marshall, D. P., 1997, *Celebrity and Power: Fame in Contemporary Culture*, Minneapolis: University of Minnesota.（＝2002，石田佐恵子訳『有名人と権力——現代文化における名声』勁草書房）
松岡悦子，2014『妊娠と出産の人類学——リプロダクションを問い直す』世界思想社
松山巖・上野千鶴子，2006「プライバシー」山本理顕編『徹底討論 私たちが住みたい都市——身体・プライバシー・住宅・国家』平凡社
Miles, M., V. Bennholdt-Thomsen and C. v. Werlhof, 1988, *Women: the Last Colony*, London: Zed Books.（＝1995，古田睦美・善本裕子訳『世界システムと女性』藤原書店）
三上剛史，2010『社会の思考——リスクと監視と個人化』学文社
Mills, S., 2004, *Discourse*, second edition, London: Routledge.
宮坂靖子，2000「親イメージの変遷と親子関係のゆくえ」藤崎宏子編『親と子——交錯するライフコース』ミネルヴァ書房
望月重信，2010『子ども社会学序説——社会問題としての子ども問題を読み解く』ハーベスト社
Moore, R., 2013, *Basil Bernstein: The Thinker and the Field*, London & New York: Routledge.
森重雄，1993『モダンのアンスタンス——教育のアルケオロジー』ハーベスト社
椋野美智子・藪長千乃編，2012『世界の保育保障——幼保一体改革への示唆』法律文化社
牟田和恵，1996『戦略としての家族——近代日本の国民国家形成と女性』新曜社
村松泰子，2000「子育て情報と母親」目黒依子・矢澤澄子編『少子化時代のジェンダーと母親意識』新曜社
ＮＨＫ取材班，2013『産みたいのに産めない——卵子老化の衝撃』文藝春秋
中西満貴典，2008「批判的ディスコース分析における『言説と主体』の位相」『時事英語学研究』第 47 号，1—15 頁
中山和義，2013『父親業！——「仕事か，家庭か」で悩まないビジネスマンのルール』きずな出版

木村敬子，2012「日本の家族と子どもの生活」陣内靖彦・穂坂明徳・木村敬子編『教育と社会――子ども・学校・教師』学文社
木村涼子，2008「ジェンダーの視点でみる現代の教育改革」木村涼子・古久保さくら編『ジェンダーで考える教育の現在』解放出版社
吉良俊彦，2006『ターゲット・メディア主義――雑誌礼讃』宣伝会議
小針誠，2015『〈お受験〉の歴史学――選択される私立小学校　選抜される親と子』講談社
小林亜子，1996「育児雑誌の四半世紀」大日向雅美・佐藤達哉編『子育て不安・子育て支援』（現代のエスプリ第342号）至文堂
小玉亮子，2010「〈教育と家族〉研究の展開――近代的子ども観・近代家族・近代教育の再考を軸として」『家族社会学研究』第22巻第2号，154―164頁
小室淑恵・駒崎弘樹，2011『2人が「最高のチーム」になる――ワーキングカップルの人生戦略』英治出版
久冨善之・小澤浩明・山田哲也・松田洋介編，2013『ペダゴジーの社会学――バーンスティン理論とその射程』学文社
Keller, R., 2013, *Doing Discourse Research: An Introduction for Social Scientists*, London: Sage.
Lauder, H., Brown, P., Dillabough, J-A. and A. H. Halsey eds., 2006, *Education, Globalization, and Social Change*, Oxford: Oxford University Press.（＝2012，広田照幸・吉田文・本田由紀編訳『グローバル化・社会変動と教育1――市場と労働の教育社会学』／苅谷剛彦・志水宏吉・小玉重夫編訳『グローバル化・社会変動と教育2――文化と不平等の教育社会学』東京大学出版会）
Lister, R., 1997, *Citizenship: Feminist Perspectives*, Basingstoke: Macmillan.
Lupton, D. and L. Barclay, 1997, *Constructing Fatherhood: Discourse and Experiences*, London: Sage.
Lyon, D., 2007, *Surveillance Studies: An Over View*, Cambridge: Polity.（＝2011，田島泰彦・小笠原みどり訳『監視スタディーズ――「見ること」「見られること」の社会理論』岩波書店）
MaClain, L. C. and J. L. Grossman eds., 2009, *Gender Equality: Dimensions of Women's Equal Citizenship*, Cambridge; New York: Cambridge University Press.
牧野カツコ，1988「〈育児不安〉の概念とその影響要因についての再検討」『家庭教育研究所紀要』第10号，23―31頁

田道雄」『ソシオロジ』第28巻第1号，97―117頁
市野川容孝，1996「性と生殖をめぐる政治――あるドイツ現代史」江原由美子編『生殖技術とジェンダー』勁草書房
市野川容孝，2000「北欧――福祉国家と優生学」米本昌平・松原洋子・橳島次郎・市野川容孝『優生学と人間社会――生命科学の世紀はどこへ向かうのか』講談社現代新書
池岡義孝，2010「戦後家族社会学の展開とその現代的位相」『家族社会学研究』第22巻第2号，141―153頁
今村仁司，1997『アルチュセール――認識論的切断』講談社
石戸教嗣編，2013『〔新版〕教育社会学を学ぶ人のために』世界思想社
石黒万里子，2004「『子ども中心主義』のパラドックス――『共感型』育児雑誌の興隆」天童睦子編『育児戦略の社会学――育児雑誌の変容と再生産』世界思想社
石井クンツ昌子，2013『「育メン」現象の社会学――育児・子育て参加への希望を叶えるために』ミネルヴァ書房
石川由香里・杉原名穂子・喜多加実代・中西祐子，2011『格差社会を生きる家族――教育意識と地域・ジェンダー』有信堂
伊藤公雄，2003「男性の次世代育成力をめぐって」孝本貢・丸山茂・山内健治編『父――家族概念の再検討に向けて』早稲田大学出版部
伊藤誠，2006『幻滅の資本主義』大月書店
Jäger, S. and F. Maier, 2009, “Theoretical and Methodological Aspects of Foucauldian Critical Discourse Analysis and Dispositive Analysis”, Wodak, R. and M. Meyer, eds., *Methods of Critical Discourse Analysis*, London: Sage.
柏木惠子，2001『子どもという価値――少子化時代の女性の心理』中公新書
柏木博，2004『「しきり」の文化論』講談社
金井淑子，2013『倫理学とフェミニズム――ジェンダー，身体，他者をめぐるジレンマ』ナカニシヤ出版
川嶋太津夫，1994「ディスコース研究のディスコース――ディスコース研究の可能性を求めて」『教育社会学研究』第54集，61-82頁
神原文子，2010『子づれシングル――ひとり親家族の自立と社会的支援』明石書店
神原文子，2014「『家族戦略論』アプローチの有効性と限界」『家族社会学研究』第26巻第1号，45―52頁

藤田由美子，2015『子どものジェンダー構築――幼稚園・保育園のエスノグラフィ』ハーベスト社
舩橋惠子，1994『赤ちゃんを産むということ――社会学からのこころみ』日本放送出版協会
舩橋惠子，1998「現代父親役割の比較社会学的検討」黒柳晴夫・山本正和・若尾祐司編『父親と家族――父性を問う』早稲田大学出版部
舩橋惠子，2006『育児のジェンダー・ポリティクス』勁草書房
Giddens, A., 1979, *Central Problems in Social Theory*, Berkeley & Los Angeles: University of California Press.（＝1989，友枝敏雄・今田高俊・森重雄訳『社会理論の最前線』ハーベスト社）
Giroux, H. [1992] 1997, "Clossing the Boundaries of Educational Discourse: Modernism, Postmodernism, and Feminism", Halsey, A. H. et al. eds., *Education, Culture, Economy, and Society*, Oxford University Press.（＝2005「越境する教育言説――モダニズム・ポストモダニズム・フェミニズム」住田正樹・秋永雄一・吉本圭一編訳『教育社会学――第三のソリューション』九州大学出版会）
Gramsci, A., 1971, *Selections from the Prison Notebooks*, Hoare Q. and G. N. Smith trans., New York: International Publishers.
Gramsci, A., [1975]2012, *Passato e presente: quaderni dal carcere vol. 4*, Rome: Editori Riuniti.
グラムシ，A，松田博編訳，2013『知識人とヘゲモニー「知識人論ノート」注解――イタリア知識人史・文化史についての覚書』明石書店
箱田徹，2000「アルチュセールと後期フーコーの主体化論における理論と実践」『国際文化学』第3号，91―104頁
浜野隆・三輪千明，2012『発展途上国の保育と国際協力』東信堂
Harvey, D., 2005, *A Brief History of Neoliberalism*, Oxford: Oxford University Press.（＝2007，渡辺治監訳・森田成也・木下ちがや・大屋定晴・中村好孝訳『新自由主義――その歴史的展開と現在』作品社）
広井多鶴子・小玉亮子，2009『文献選集　現代の親子問題　第Ⅱ期「問題」とされる親と子　別巻 解説』日本図書センター
広田照幸，2005『教育不信と教育依存の時代』紀伊國屋書店
本田由紀，2008『「家庭教育」の隘路――子育てに強迫される母親たち』勁草書房
堀内かおる，2013『家庭科教育を学ぶ人のために』世界思想社
細辻恵子，1983「育児書による比較社会化論の試み――スポックと松

Davis, D. S., 2010, *Genetic Dilemmas: Reproductive Technology, Parental Choices, and Children's Futures*, second edition, Oxford: Oxford University Press.

Dermott, E., 2008, *Intimate Fatherhood: A Sociological Analysis*, New York: Routledge.

Diaz, M., 2001, "Subject, Power, and Pedagogic Discourse", Morais, A., et al. eds., *Towards a Sociology of Pedagogy: The Contribution of Basil Bernstein to Research*, New York: Peter Lang.

Donzelot, J., 1977, *La police des familles*, Paris: Editions de Minuit.（＝1991，宇波彰訳『家族に介入する社会――近代家族と国家の管理装置』新曜社）

Douglas, M., 1970, *Natural Symbols*, London: Barrie and Rockliff.（＝1983，江河徹・塚本利明・木下卓訳『象徴としての身体――コスモロジーの研究』紀伊國屋書店）

Durkheim, É., 1895, *Les Régles de la méthode sociologique*, Paris: Presses Universitaries de France.（＝1978，宮島喬訳『社会学的方法の規準』岩波文庫）

Duru-Bellat, M., 1990, *L'École des filles: quelle formations pour quels rôles sociaux?*, Paris: L'Harmattan.（＝1993，中野知律訳『娘の学校――性差の社会的再生産』藤原書店）

Fairclough, N., 2001, *Language and Power*, Second Edition, London: Longman.（＝2008，貫井孝典・吉村昭市・脇田博文・水野真木子訳（監修）『言語とパワー』大阪教育図書）

Fairclough, N., 2003, *Analysing Discourse: Textual Analysis for Social Research*, London: Routledge.（＝2012，日本メディア英語学会・メディア英語談話分析研究分科会訳『ディスコースを分析する――社会研究のためのテクスト分析』くろしお出版）

Folbre, N., [2002] 2006, "The Invisible Heart", Zimmerman, M. K., Litt, J. S. and C. E. Bose eds., *Global Dimensions of Gender and Carework*, Stanford: Stanford University Press.

Foucault, M., 1969, *L'Archéologie du savoir*, Paris: Editions Gallimard.（＝1981（改訂新版），中村雄二郎訳『知の考古学』河出書房新社）

Foucault, M., 1975, *Surveiller et punir: Naissance de la prison*, Paris: Gallimard.（＝1977，田村俶訳『監獄の誕生――監視と処罰』新潮社）

Foucault, M., 1982, "The Subject and Power", *Critical Inquiry*, 8(4): 777-795.

藤田英典，2014『安倍「教育改革」はなぜ問題か』岩波書店

Research, Critique, Revised Edition. Lanham, Maryland.: Roman & Littlefield.

Bernstein, B., 2001, "From Pedagogies to Knowledges", Morais, A., Neves, I., Davies B. and H. Daniels eds., *Towards a Sociology of Pedagogy: The Contribution of Basil Bernstein to Research*, New York: Peter Lang.

Bourdieu, P., 1979, *La Distinction: Critique sociale du jugement*, Paris: Editions de Minuit.（＝1990，石井洋二郎訳『ディスタンクシオンⅠ――社会的判断力批判』藤原書店）

Bronstein, P., 1988, "Marital and Parenting Roles in Transition", Bronstein, P. and C, P. Carolyn eds., *Fatherhood Today: Men's Changing Role in The Family*, New York: A Wiley-Interscience Publication.

Brown, P., 1990, "The Third Wave: Education and the Ideology of Parentocracy", *British Journal of Sociology of Education*, 11(1): 65-86.

Burrows, L., 2009, "Pedagogizing Families through Obesity Discourse", Wright, J. and V. Harwood eds., *Biopolitics and the 'Obesity Epidemic': Governing Bodies*, New York: Routledge.

Burrows, L. and J. Wright, 2004, "The Discursive Production of Childhood, Identity and Health", Evans, J., Davies, B. and J. Wright eds., *Body Knowledge and Control: Studies in the Sociology of Education and Physical Culture*, London: Routledge.

Butler, J., 1990, *Gender Trouble: Feminism and the Subversion of Identity*, New York & London: Routledge.（＝1999，竹村和子訳『ジェンダー・トラブル――フェミニズムとアイデンティティの攪乱』青土社）

バトラー，Ｊ.，伊吹浩一訳，2000「良心がわれわれみなを主体にする」情況出版編・発行『アルチュセールを読む』116―141頁

Cameron, D., 2006, *On Language and Sexual Politics*, London & New York: Routledge.

Chouliaraki, L. and N. Fairclough, 1999, *Discourse in Late Modernity: Rethinking Critical Discourse Analysis*, Edinburgh: Edinburgh University Press.

Connell, R. W., 2002, *Gender*, Cambridge: Polity Press.（＝2008，多賀太監訳『ジェンダー学の最前線』世界思想社）

Dagkas, S. and T. Quarmby, 2012, "Young People's Embodiment of Physical Activity: The Role of the 'Pedagogized' Family", *Sociology of Sports Journal*, 29: 210-226.

Chiang, T-H. and M. Tendo eds., *Crisis in Education: Modern Trends and Issues*, HM, Studies & Publishing.
Apple, M. W., S. J. Ball and L. A. Gandin eds., 2010, *The Routledge International Handbook of the Sociology of Education*, London & New York: Routledge.
アップル，M. W.／ウィッティ，G，長尾彰夫編，2009『批判的教育学と公教育の再生――格差を広げる新自由主義改革を問い直す』明石書店
Arnot, M., 1982, “Male Hegemony, Social Class and Women’s Education”, *Journal of Education*, 164(1): 64-89, Boston University.
Ball, S. J., 2003, *Class Strategies and the Education Market: The Middle Classes and Social Advantage*, London: Routledge Falmer.
Ball, S. J. ed., 1990, *Foucault and Education: Disciplines and Knowledge*, London: Routledge.（＝1999，稲垣恭子・喜名信之・山本雄二監訳『フーコーと教育――〈知＝権力〉の解読』勁草書房）
Ballantine, J. H. and F. M. Hammack, 2009, *The Sociology of Education: a Systematic Analysis*, 6th edition, Upper Saddle River, NJ: Pearson Prentice Hall.（＝2011，牧野暢男・天童睦子監訳『教育社会学――現代教育のシステム分析』東洋館出版社）
Beck-Gernsheim, E., 1989, *Die Kinderfrage: Frauen zwischen Kinderwünsch und Unabhängigkeit*, München: C.H. Beck’sche Verlag.（＝1995，木村育世訳『子どもをもつという選択』勁草書房）
Bernstein, B., 1971, *Class, Codes and Control Vol. I: Theoretical Studies Towards a Sociology of Language*, London: Routledge & Kegan Paul.（＝1981，萩原元昭編訳『言語社会化論』明治図書）
Bernstein, B., 1977, *Class, Codes and Control Vol. III: Towards a Theory of Educational Transmissions*, Revised Edition, London: Routledge & Kegan Paul.（＝1985，萩原元昭編訳『教育伝達の社会学――開かれた学校とは』明治図書）
Bernstein, B., 1990, *Class, Codes and Control, Vol. IV: The Structuring of Pedagogic Discourse*, London: Routledge.
Bernstein, B., 1996, *Pedagogy, Symbolic Control and Identity: Theory, Research, Critique*, London & Bristol: Taylor & Francis.（＝2000(2011新装版)，久冨善之・長谷川裕・山﨑鎮親・小玉重夫・小澤浩明訳『〈教育〉の社会学理論――象徴統制，〈教育〉の言説，アイデンティティ』法政大学出版局）
Bernstein, B., 2000, *Pedagogy, Symbolic Control and Identity: Theory,*

参考文献

阿部彩，2008『子どもの貧困――日本の不公平を考える』岩波新書

赤川学，1999『セクシュアリティの歴史社会学』勁草書房

Althusser, L., 1970, "Idéologie et appareils idéologiques d'État", *La Pensée*, n. 151, juin.（＝1993，山本哲士・柳内隆訳『アルチュセールの〈イデオロギー〉論』三交社）

Althusser, L., 1993, *Écrits sur la psychanalyse*, Paris: Éditions Stock/IMEC.（＝2001，石田靖夫・小倉孝誠・菅野賢治訳『フロイトとラカン――精神分析論集』人文書院）

Althusser, L., 1995, *Sur La Reproduction*, Paris: Presses Universitaries de France.（＝2005，西川長夫・伊吹浩一・大中一彌・今野晃・山家歩訳『再生産について――イデオロギーと国家のイデオロギー諸装置』平凡社）

安藤哲也，2008『パパの極意――仕事も育児も楽しむ生き方』日本放送出版協会

青山温子・原ひろ子・喜多悦子，2001『開発と健康――ジェンダーの視点から』有斐閣

浅井春夫，2000『新自由主義と非福祉国家への道――社会福祉基礎構造改革のねらいとゆくえ』あけび書房

朝倉京子，2005「看護学におけるジェンダー／フェミニスト・パースペクティブ――『ケア／ケアリング』理論と差異のフェミニズム」根村直美編『ジェンダーと交差する健康／身体』明石書店

Apple, M. W., [1979]2004, *Ideology and Curriculum*, third edition, New York: Taylor & Francis.（＝1986，門倉正美，宮崎充保，植村高久訳『学校幻想とカリキュラム』日本エディタースクール出版部）

Apple, M. W., 1982 (revised ARK edition 1985), *Education and Power*, Boston: Routledge & Kegan Paul.（＝1992，浅沼茂・松下晴彦訳『教育と権力』日本エディタースクール出版部）

Apple, M. W., 2006, *Educating the 'Right' Way: Markets, Standards, God, and Inequality*, New York: Routledge.（＝2008，大田直子訳『右派の／正しい教育――市場，水準，神，そして不平等』世織書房）

Apple, M. W., 2014, "Educational Crises and the Tasks of the Critical Scholar/Activist", in Calogiannakis, P., Karras, K. G., Wolhuter, C.,

[ら　行]

[わ　行]

[さ　行]

索　引

［あ　行］

［か　行］

執筆者紹介（執筆順，［　］内は担当箇所，＊は編者）

＊**天童睦子**（てんどう　むつこ）…［序章 1—3，第 **1** 章，第 **4** 章，第 **6** 章 1，3，5，第 **7** 章］
後掲（奥付）の編者紹介参照。

高橋　均（たかはし　ひとし）…………………… ［序章 1，4，第 **2** 章，第 **3** 章，第 **5** 章］
早稲田大学大学院教育学研究科博士後期課程満期退学。博士（教育学）。
現在，北海道教育大学教育学部旭川校准教授。
主な著書・論文「揺らぐ自立システムと若者支援の方途：『ホリスティックな自立』へ向けて」（柴野昌山編『青少年・若者の自立支援：ユースワークによる学校・地域の再生』世界思想社，2009 年），「育児言説の歴史的変容：『育兒雑誌』から『ベビーエイジ』へ」（天童睦子編『育児戦略の社会学』世界思想社，2004 年），「差異化・配分装置としての育児雑誌：バーンスティンの〈教育〉言説論に依拠して」（『教育社会学研究』第 74 集，2004 年）。

加藤美帆（かとう　みほ）……………………………………………………… ［第 **6** 章 2，4，5］
早稲田大学大学院教育学研究科博士後期課程満期退学。博士（教育学）。
現在，東京外国語大学大学院総合国際学研究院准教授。
主な著書『不登校のポリティクス：社会統制と国家・学校・家族』（勁草書房，2012 年），「子育てネットワークと母親たちのライフストーリー」（天童睦子編『育児戦略の社会学』世界思想社，2004 年）。

編者紹介

天童睦子（てんどう むつこ）

東京女子大学大学院文学研究科修士課程修了（社会学専攻）。

早稲田大学大学院教育学研究科博士後期課程修了。博士（教育学）。

名城大学人間学部教授を経て，2015年より宮城学院女子大学教授。

主な著書『新版 教育社会学を学ぶ人のために』（共著，世界思想社，2013年），『知識伝達の構造：教育社会学の展開』（編著，世界思想社，2008年），『育児戦略の社会学：育児雑誌の変容と再生産』（編著，世界思想社，2004年），『都市環境と子育て：少子化・ジェンダー・シティズンシップ』（共著，勁草書房，2003年）。

育児言説の社会学
――家族・ジェンダー・再生産

2016年4月15日 第1刷発行
2018年9月20日 第2刷発行

定価はカバーに
表示しています

編 者 天 童 睦 子
発行者 上 原 寿 明

世界思想社

京都市左京区岩倉南桑原町56 〒606-0031
電話 075(721)6500
振替 01000-6-2908
http://sekaishisosha.jp/

（印刷・製本 太洋社）

ISBN978-4-7907-1686-0